SCHLOSS
MARIENBURG
(Erdgeschoß)
Maßstab 1:2150
Meter
Nord
Denkmal Friedrich d. Gr.
V O R B U R G
Karwan
Lorenz-Kapelle
Lorenz-Brücke
Schloß Graben
Süd
Firmarie
Groß Comthurei
Schiff-Brücke
Küche
MITTEL-
Brunnen
SCHLOSS
Die Gastkammern
Rittersaal
Hochmeister-
Hinterkammer
Schlafstube
Palastflur
Palast
Hauskapelle
Sommer-Remter
St. Bartholomaei-Kapelle
Wohngemach
Winter Remter
Brücke
Hausgraben
Pfaffenturm
Zwinger
Annen-Kapelle
Brück-Thor
Nicolaus-Thor
HOCH-
Convents-Küche
Kreuzgang
SCHLOSS
Parcham
Trocken Graben
Schloß Graben
Der Neue Weg
Herren-Dansk
Kath. Kirche u. Markt
Markt
Bahnhof

Reise durch

MASUREN

Bilder von
Wolfgang Korall

Texte von
Ernst-Otto Luthardt

Stürtz

Erste Seite:
Hans Düringer war der Schöpfer jener viel bewunderten 14 Meter hohen astronomischen Uhr in der Danziger Marienkirche. Nach den Zerstörungen im Zweiten Weltkrieg wurde der zwischen 1664 und 1670 angefertigte Zeitmesser wieder instand gesetzt.

Vorherige Seite:
Blick von Treuburg (Olecko) über den gleichnamigen See. Die Stadt wurde 1560 von Herzog Albrecht von Preußen gegründet und hieß früher Marggrabowa.

Unten:
Portal des Klosters Springborn (Stoczek Klasztorny) nahe Heilsberg (Lidzbark Warmiński), das auf eine Marienkapelle aus dem Anfang des 16. Jahrhunderts zurückgeht.

Seite 10/11: *Gegenüber der mächtigen backsteinernen Marienkirche zu Danzig (Gdańsk) erscheinen die umliegenden Häuser wie Spielzeugbauten. Das dreischiffige Gotteshaus entstand zwischen 1342 und 1502 und spiegelt den Reichtum und das Selbstbewusstsein der Patrizier wider. Es ist 105 Meter lang und fast 70 Meter breit.*

Inhalt

Land der vielen Seen und dunklen Wälder: Masuren

Der rund 13,5 Quadratkilometer große, sich rund 15 Kilometer von Norden nach Süden erstreckende handtuchschmale Beldahn-See (jez. Beldany) wird von dichten Wälder gerahmt und braucht sich hinter dem Niedersee, der als Perle der masurischen Gewässer gilt, nicht zu verstecken.

Der römische Historiker Tacitus war es, der um 100 nach Christi Geburt die »Aestier« aus dem Dunkel der Geschichte holte. Doch diese erste Erwähnung beruht auf einem kapitalen Irrtum. Das heißt, sie wären vermutlich noch einige Zeit in der Versenkung geblieben, wenn Tacitus sie nicht für ein germanisches Volk gehalten und in seine »Germania« aufgenommen hätte. Jedenfalls beschreibt er sie als fleißige Ackerbauern, die mit Bernstein handeln.
Nachdem 100 Jahre später Ptolemäus von Alexandria die Teilstämme der Galinder und Sudauer ins Spiel gebracht hat, hören wir erst in der Völkerwanderungszeit wieder von den Aestiern. Als die Goten über die Ostsee setzen, kommen sie unter anderem durch deren Siedlungsgebiet und knüpfen mit ihnen Kontakte. Das bestätigen sowohl der gotische Historiker Jordanes als auch der römische Gelehrte Cassiodorus, der den Aufenthalt einer aestischen Gesandtschaft am Hofe König Theoderichs des Großen festgehalten hat.
Im 10. Jahrhundert tauchen dann erstmals die »Brüs« und »Pruzze« = Prussen auf. Zu ihnen macht sich 997 der böhmische Fürstensohn Adalbert auf den Weg. Er will den Heiden das Christentum bringen, doch er ist ihrer Sprache nicht mächtig und sie nicht seiner. Die Historiker sind sich sicher, dass die Prussen gar nicht verstanden haben, was er will. So kommt es wieder zu einem Irrtum. Adalbert verliert sein Leben. Wird aber als Märtyrer unsterblich.
Nachdem er zwei Biografien über Adalbert geschrieben hat, treibt es den frommen Brun von Querfurth selber zu den Heiden. Einen Sudauerfürsten kann er bekehren, nicht aber dessen Bruder. Der fackelt nicht lange und lässt den

Missionar töten. Daraufhin hat diese – nach Gallus Anonymus – höchst »unbändige Nation« 200 Jahre Ruhe. Bis Rom das Problem nicht länger aufschieben will und Profis engagiert – den Deutschen Ritterorden.

Von prussischer Sitte

Die »Brüder vom Hause des St. Marien-Hospitals der Deutschen in Jerusalem« – so der volle Name des Deutschen Ordens – arbeiten für den Himmel, und für sich selbst. Im diesem Falle heißt das: Sie wollen neben den Seelen der Prussen auch deren Land. Erst nachdem ihnen Kaiser Friedrich II. 1226 schon vorab den noch zu erwerbenden Besitz bestätigt hat, reitet Hermann Balk mit sieben Ordensbrüdern und einem Häuflein Kreuzfahrern gen Ostland.
Die Prussen wehren sich, ihre Gottheiten Perkunos, Patrimpe, Pekollos oder Kurche auszutauschen. Ersterer ist der Boss und gebietet über Donner und Feuer. Darüber hinaus spendet er den Sonnenschein. Patrimpe ist in erster Linie für den Krieg zuständig und erledigt im Nebenjob die Wasserversorgung. Während man Pekollos, dem Tod, beim besten Willen nichts Gutes nachsagen kann, ist Kurche umso beliebter. Sorgt er doch für Speis und Trank. Der Prussen Verehrung für die spendable Gottheit muss so groß gewesen sein, dass sich die Ordensleute im Christburger Vertrag von 1249 deren Abkehr von dem »Götzenbild Curche« extra bestätigen ließen.
Glaubt man den Geschichtsschreibern des Ordens – und andere Quellen besitzen wir nicht – ist es höchste Zeit gewesen, den Prussen zu zeigen, wo es künftig langgehen soll. Kann doch ein Christenmensch unmöglich hinnehmen, dass sich ein Mannsbild gleich drei Frauen zur Ehe nimmt und Leute, die alt oder krank sind und der Gemeinschaft zur Last fallen, einfach verbrannt oder ertränkt werden. Mit den Prussen ist deren Sprache untergegangen. Ende des 17. Jahrhunderts soll sie zum letzten Mal gehört worden sein. Allenfalls in ostpreußischen Familiennamen wie Bartsch, Gause oder Kant sowie in der Geografie lebt sie noch vereinzelt fort. So geht zum Beispiel der Name des Flusses Angerapp auf die prussischen Wörter »anguris« = Aal und »ape« = Fluss zurück.

Glanz und Elend des Ordensstaates

Die Taktik der Rittermönche ist klar: zuerst das Schwert und die Burgen und dann das Kreuz und die Kirchen. Die ersten Kastelle entstehen in Marienwerder (Kwidzyn), Thorn (Toruń), Kulm (Chełmno), Rheden (Radzyn Chelminski) und Elbing (Elbląg). In deren Schutz wachsen Ortschaften. Kulm und Thorn werden bereits 1233 zur Stadt erhoben.

In Masuren findet man viele schöne Alleen, hier bei Grünfelde (Grunwald). Die Bäume am Straßenrand schützen sowohl vor allzu heißer Sonne, als auch vor Regen und Schnee beziehungsweise Sturm. Zumeist schon vor der Zeit des Automobils angepflanzt, stehen sie diesem heute manchmal im Wege.

Ein halbes Jahrhundert braucht der Orden für die Eroberung des heidnischen Prussenlandes. Danach sieht er sich nach anderer, diesmal christlicher Beute um – die ihm 1308 mit Danzig und Pomerellen »zufällt«. Das jedenfalls ist »seine« Lesart. Tatsächlich aber hat man die Stadt und das Land annektiert.
Doch die Ordensleute sind nicht nur in ihren Eroberungen unübertroffen, sondern auch in der Organisation ihrer Gemeinschaft. 1309 wechselt der Hochmeister von Venedig an die Nogat. Er und seine Nachfolger machen die Marienburg (Malbork) zu einer der größten Baustellen des Abendlandes und schaffen ein für die damaligen Verhältnisse hochmodernes und effektives Staatswesen. Dessen Blüte wird erst durch den »Großen Krieg« mit Polen (1409–1411) gestoppt. Die Niederlage von Tannenberg (Stębark) und die Bedingungen des Ersten Thorner Friedens kann der Orden noch wegstecken. Doch als 1466 – erneut in Thorn – ein Schlussstrich unter den 13 Jahre währenden »Städtekrieg« gezogen wird, ist die Bilanz verheerend: Der Hochmeister muss den Treueeid gegenüber König Kazimierz IV. leisten und ihm einen Teil seines Landes unterstellen. Dabei hat der Pole nur genommen, was ihm angeboten worden ist. Wollten doch jene Städte, die sich mit einigen preußischen Edelleuten zu einem »Bund vor Gewalt« (nämlich die des Ordens) zusammengeschlossen haben, lieber ihn statt die Ordensritter zum Oberherrn haben. Die Finanzen sind schon lange aus dem Geleise, das politische Gefüge ins Wanken geraten, als im Jahre 1525 der letzte Hochmeister Albrecht von Brandenburg-Ansbach Luthers Rat beherzigt und den Ordensstaat zum weltlichen Herzogtum Preußen erklärt.

Burgenherrlichkeit

Natürlich ist die Marienburg das Maß aller Dinge. Doch selbst eine noch so starke Zentralgewalt kann nicht ohne entsprechende Strukturen existieren. Zu diesem Zweck über-

ziehen die Ordensleute ihren Besitz mit einem Netz fester Häuser. Diese dienen dem Schutz der neuen Herren sowie der Ehre Gottes. Das Baumaterial ist immer das gleiche. Mangels natürlicher Alternativen wird weicher Ton im Feuer hartgebrannt. Seither ist – neben dem Blau der Seen und dem Grün der Wiesen und Wälder – das Rot der backsteinernen Mauern die dritte dominante Farbe dieser Landschaft. Von den knapp 40 Wehrbauten aus dieser Zeit sind etliche verfallen, andere so umgebaut worden, dass man ihre ursprüngliche Gestalt und Bestimmung kaum mehr erkennen kann. Sehenswerte Ordensburgen stehen zum Beispiel in Neidenburg (Nidzica) und Gollub (Golub-Dobrzyń). Nicht allzu weit von letzterer entfernt, in der Burg Birgelau (Bierzglowo), findet sich das älteste Zeugnis mittelalterlicher Bildhauerkunst des Ordenslandes. Der aus Ton geformte geheimnisvolle »Birgelauer Reiter« wird in die Zeit um 1270 datiert.
Als »schönste Ruine des deutschen Ostens« gilt Rheden. Besonders die Torseite des Kastells ist nicht nur trutzig, sondern auch besonders schön gestaltet. Durch zwei schlanke Türme gerahmt, wächst die mit Zierornamenten geschmückte Mauer scheinbar in den Himmel. Von eben dieser Höhe wurde bei Gefahr jenes Gatter heruntergelassen, das den Eingang verschloss. Blieben noch die bischöflichen Burgen in Heilsberg (Lidzbark Warmiński), Rößel (Reszel) beziehungsweise die des Domkapitels in Allenstein (Olsztyn) zu erwähnen. Sie spiegeln zwar die Architektur des Ordens wider, haben aber die ermländischen Fürstbischöfe beziehungsweise die Domherren als Besitzer.

Zum Lobe Gottes

Burg und Kirche in sich vereinend, verkörpern Frauenburg (Frombork) und Marienwerder in nahezu idealer Weise Anliegen und Anspruch der damaligen Zeit. »Unserer Lieben Frauen Burg –/im ganzen Land ihr schönstes Haus!«, schwärmt die große ostpreußische Dichterin Agnes Miegel von der Frauenburger Domburg. Das Gotteshaus, 1329 anstelle eines hölzernen Vorgängerbaues begonnen, verrät zisterziensischen Einfluss. Es gilt als das »bedeutendste Werk der Kirchenbaukunst im Lande« (Dehio). Die 1334 errichteten Baulichkeiten auf der »Insula Sanctae Mariae« hingegen verweisen eindeutig auf den Deutschen Orden. So steht der Marienwerder Dom nicht frei, sondern ist Teil der Burg. Die umlaufenden Wehrgänge schließen selbst die Kirche mit ein.
Während von der Danziger Deutschordensburg kaum noch etwas zu sehen ist, hat ihr bürgerliches Gegenstück, die Marienkirche, die Zeiten überdauert. Mit 105 Metern Länge und 68 Me-

Die Marienburg hatte im Laufe ihrer langen Geschichte den verschiedensten Anfechtungen zu widerstehen. Initiiert zunächst durch die Polen, dann aber auch durch die Preußen. Die Erben des Ordensstaates degradierten sie Ende des 18. Jahrhunderts zunächst zur Kaserne und später sogar zum Lagerhaus.

tern Breite gilt sie als größte Backsteinkirche überhaupt. Dazu gleich noch ein weiterer Superlativ: Der berühmteste ostpreußische Wallfahrtsort heißt Heiligelinde (Âwięta Lipka). Der Legende nach geht seine Entstehung auf das Jahr 1311 zurück. Damals soll die Muttergottes dem Großkomtur Heinrich von Plotzk im Kampf gegen den Litauerfürsten Witen zur Hilfe gekommen sein. Um sich ihrer neuerlichen Unterstützung zu versichern, pilgert Albrecht von Brandenburg-Ansbach kurz vor dem Zusammenbruch des Ordensstaates nach Heiligelinde. Doch diesmal kann oder will Maria nicht helfen. In barocker Zeit erhält der Komplex dann sein heutiges, fast südländisches Gepräge. Die Architektur und die illusionistische Bemalung der Kirche sowie die fast dreihundertjährige Orgel mit den musizierenden Engeln und den vielen anderen beweglichen Figuren erwecken den Eindruck, als sei hier schon das Paradies angebrochen.

Preußen wird Großmacht

Von der Gründung des Herzogtums Preußen im Jahre 1525 bis zur Umwandlung in ein Königreich im Jahre 1701 ist es ein langer und schwieriger Weg. Die polnische Lehenshoheit, bei der Ausrufung des Herzogtums noch Voraussetzung für dessen Fortbestand, wird allmählich zur Fessel. Immerhin dauert es bis zum Jahre 1660, ehe die Großmächte nach dem ersten Nordischen Krieg dem Großen Kurfürsten Friedrich Wilhelm von Brandenburg-Preußen die volle Souveränität seines Landes bestätigen.

Doch damit haben sie sich ein Kuckucksei gelegt. Inzwischen selber zur Großmacht geworden, drängt Preußen Österreich und Russland zur Teilung Polens. Diese verläuft in drei Etappen: 1772 sichert sich der Alte Fritz zunächst die Herrschaft über das ehemals »Königliche Preußen« und das Ermland. Der Annektion Danzigs und »Großpolens« im Jahre 1793 folgt zwei Jahre darauf der dritte Streich, das heißt, die Ausweitung seines Territoriums bis Warschau. Damit ist der Kuchen endgültig aufgeteilt und Polen von der politischen Landkarte verschwunden.

Willkommen im neuen Land

Ohne Menschen ist der beste Besitz dieses Namens nicht wert. Das wissen auch die Ordensritter. Wie viele Prussen ihren Widerstand gegen die Missionierung mit ihrem Leben büßen mussten beziehungsweise »eingegliedert« wurden, ist umstritten. Der Orden jedenfalls setzte lieber auf die eigenen Landsleute. Diese kamen in großer Zahl hauptsächlich aus Mitteldeutschland, aber auch anderen Regionen. Manchmal übertrugen die Neuankömmlinge den Namen ihres alten Heimatortes auf die neue Siedlung. So finden sich die Ortschaften Saalfeld (Zalewo) und Mühlhausen (Mlynary), Osterode (Ostróda) und Mohrungen (Morąg) nicht nur in Thüringen und Sachsen-Anhalt, sondern zugleich im Prussenland. Einen besonders langen Weg haben jene Siedler beziehungsweise deren Kinder hinter sich, die zunächst nach Schlesien gezogen sind und nun ihrem zum dortigen Bischof ernannten Landsmann Eberhard von Neisse in das Ermland folgen.

Die Ansiedlung von niederländischen Fachleuten, die das Sumpfland kultivieren, erfolgt bereits in der Ordenszeit. So entsteht die Stadt Preußisch Holland (Pasłęk). Später nehmen die preußischen Herzöge Niederländer auf, die wegen ihres Glaubens ihre Heimat verlassen müssen. Französische Hugenotten, vom Großen Kurfürsten eingeladen, kommen ab 1685. Nach dem schlimmen Pestjahr 1711 ruft König Friedrich Wilhelm I. Siedler aus der Schweiz und später Salzburger evangelische Glaubensflüchtlinge ins Land. Russisch-orthodoxe Altgläubige, Philipponen genannt, sind in Preußen ebenfalls willkommen. Sie gründen zu Beginn des 19. Jahrhunderts vier Dörfer sowie – am Duß-See (jez. Dus) – ein Kloster. Polnische Einwanderer zieht es in verschiedenen Wellen – so nach 1525 und 1710 – vor allem in den südlichen Teil des Landes. Ihre Herkunft ist der Grund, dass sie nach 1945 nicht vertrieben werden.

Deutsch-polnischer Schicksalsort: Tannenberg

Im Sommer 1410 reibt eine vereinigte polnisch-litauische Streitmacht das Ordensheer bei der Ortschaft Tannenberg nahezu vollständig auf. Während die Polen ihren Sieg glorifizieren, erklärt man in Deutschland die Niederlage zur nationalen Schmach. So kommen Paul von Hindenburg und sein Generalstabschef Erich Ludendorff gerade recht, als sie im August 1914 bei Hohenstein (Olsztynek) die Zweite Russische Armee vernichtend schlagen. Obwohl der Schauplatz dieses Triumphes nie und nimmer mit dem mittelalterlichen Schlachtfeld identisch ist, wird er bewusst unter dem Namen Tannenberg vermarktet. Das zur Erinnerung an

Dieses Vorlaubenhaus ist im Freilichtmuseum zu Hohenstein (Olsztynek) zu bewundern. Auf rechteckigem Grundriss errichtet, besitzt es zur Straßenseite eine große säulengestützte Vorlaube. Das fachwerkene Obergeschoss ist reich an Ständern, Riegeln und Streben sowie verzierten Feldern.

Hindenburgs Sieg errichtete deutsche Denkmal sprengt die Wehrmacht gegen Ende des Zweiten Weltkrieges selber in die Luft. Das polnische, auf dem mittelalterlichen Schlachtfeld, datiert von 1960. Inzwischen haben die Archäologen die Grundmauern einer Kapelle freigelegt, die über jenem Ort errichtet wurde, an dem der Hochmeister Ulrich von Jungingen zu Tode gekommen ist. Den einstigen Gegner zu achten ist nicht nur ein Gebot der Vernunft, sondern auch Voraussetzung zur Aussöhnung. So könnte Tannenberg nicht nur für eine kriegerische Vergangenheit, sondern auch für eine friedliche Zukunft stehen.

Von Pferden, Wölfen und Menschen

Die Pferde der Prussen, Schweiken geheißen, sind klein und gedrungen. Sie werden zum Arbeiten gebraucht. Im Gegensatz dazu benötigen die Ordensleute große Streitrösser, die Menschen nebst Rüstung tragen können. Ähnliche militärische Ansprüche haben später die Preußen. Das Gut Trakehnen, das der berühmten Rasse mit der doppelten Elchschaufel als Brandzeichen den Namen gegeben hat, ist eine Gründung des Soldatenkönigs Friedrich Wilhelm I. Nach Flucht und Vertreibung der Deutschen bleiben nur wenige Trakehnerpferde zurück. Heute wird eine ihnen sehr ähnliche Rasse im ermländischen Liesken (Liski) gezüchtet. Darüber hinaus ist Masuren schon deshalb ein Pferdeland geblieben, weil sich die meisten Bauern keine Traktoren leisten können.

Neben den domestizierten wurden in den Wäldern um Popiellnen (Popielno) rückgezüchtete wilde Pferde ausgesetzt. Doch so richtig wild sind diese heute nicht mehr. Das heißt, man kommt ihnen zumindest an den Futterstellen ziemlich nahe, da sie im harten und langen masurischen Winter nur dank der Hilfe des Menschen überleben können. Am besten, man fragt einen Förster, wo und wie man diese und andere Tiere zu Gesicht bekommt. Die Förster beziehungsweise ihr Forsthaus findet man, indem man in den grünen Wäldern einfach nach dem Rot der Mauern und Dachziegel Ausschau hält. So rät es wenigstens der bekannte polni-

sche Dichter Ildefons Galzynski (1905–1953), der sich die letzten Jahre seines Lebens in das Forsthaus Seehorst (Pranie) zurückgezogen hat. Im Forsthaus Kleinort bei Peitschendorf (Piecki) wurde 1887 Ernst Wiechert, ein inzwischen fast vergessener, nichtsdestotrotz wichtiger deutscher Dichter des 20. Jahrhunderts, geboren. Und es lohnt sich durchaus, zur Vor- oder Nachbereitung einer Masuren-Reise nicht nur die Bücher von Siegfried Lenz, Arno Surminski, Klaus Bednarz oder Marion Gräfin von Dönhoff, sondern ebenso Wiecherts Roman »Jerominkinder« zu lesen.
Da es selbst in Begleitung von Förstern schwierig ist, Elche und fast unmöglich, Luchse oder Wölfe in freier Wildbahn zu beobachten, empfiehlt sich der Besuch jenes privaten Wildparkes, den der engagierte Zoologe Andrzej Krzywinski nahe Einsiedeln (Kadzidłowo) in der Johannisburger Heide angelegt hat. Als Wolf fühlte sich offenbar auch Adolf Hitler, der die masurische Wasser- und Sumpflandschaft zum Standort seines Hauptquartiers machte und diesem den Namen »Wolfsschanze« gab. Nach dem Krieg hat man versucht, die monströsen Bunker zu sprengen – was aber nur unzureichend gelungen ist. So zählt die »Wolfsschanze« heute zu den meistbesuchten Sehenswürdigkeiten ganz Masurens.

In einem Garten Eden

Um zu einem masurischen Garten Eden zu gelangen, bedarf es zunächst eines langen Weges über Lyck (Ełk), der weit im Osten gelegenen ehemaligen »Hauptstadt« Masurens, hinaus. In Rajgrod schließlich steht man vor den Toren des Biebrzański-Nationalparks. Er schützt seit 1992 einen großen Part des Biebrza-Flusses, der Zoologen und Botaniker zu enthusiastischen Lobeshymnen veranlasst. Handelt es sich doch bei diesem insgesamt 164 Kilometer langen Gewässer um den einzigen völlig naturbelassenen Wildfluss ganz Europas. Dieser macht nicht, was der Mensch, sondern was die Natur will. Das heißt, nachdem er zunächst unter der Hitze des Sommers immer schmaler geworden ist, wächst er im Frühjahr darauf zu einem Riesen, der kilometerbreit auseinandergeht und seine Umgebung so weit das Auge reicht unter Wasser setzt. Diese Einladung nehmen vor allem die Vögel dankend an. Von den in Europa brütenden 280 Arten sind 253 hier zu Hause. Dazu gehören die äußerst seltenen und anderswo vom Aussterben bedrohten Wasserrallen und Kampfläufer. Wer hierher kommt, um das unbeschreibliche Schauspiel riesiger Vogelschwärme zu beobachten, muss dafür jeglichen Komfort zurücklassen. Übernachtungen gibt es nur im Zelt oder bei einheimischen Bauern. Dafür

Landschaft bei Barten (Barciany). Der Name des heute rund 6500 Einwohner zählenden Ortes erinnert an den gleichnamigen prussischen Stamm. Laut einer Urkunde von 326 wurde dessen Siedlungsgebiet zwischen den Ordenskomtureien Balga, Brandenburg und Königsberg aufgeteilt.

kann man sich des Wohlwollens der Park-Ranger sicher sein. Vorausgesetzt, man respektiert die strengen Auflagen und die besonders zur Brutzeit für den Menschen gesperrten Gebiete. Die schönste, aber anstrengendste Art, den Biebrzański-Nationalpark zu erkunden, ist jene mit dem Kajak. Dafür braucht man viel Kondition und Proviant sowie eine gute Orientierung. Ist doch die Chance, während der Fahrt auf einen Menschen zu treffen, geringer als die, einem der rund 200 Elche zu begegnen, die hier ebenfalls ein Refugium haben.

Urlaubsfreuden pur

Gerade in unserer Zeit, wo die Natur immer mehr in Bedrängnis gerät, erweist sich die aus Wasser und Wald gemachte masurische Landschaft als ideales Urlaubsland. Gibt es doch inzwischen zu diesen wirklich einmaligen Ressourcen auch eine ständig wachsende Infrastruktur. Hotels und Pensionen finden sich nicht mehr ausschließlich in Zentren wie Allenstein, Nikolaiken (Mikołajki) oder Sensburg (Mrągowo), sondern sind über das ganze Land verstreut. Vor allem gibt es jetzt genug Häuser, die den gewohnten mitteleuropäischen Standard nebst allen denkbaren Freizeitvergnügen bieten. Dazu zählen diverse Wassersportarten sowie Schiffs- und Bootsausflüge, geführte Naturwanderungen, Fahrradverleih, Pferdesport und sogar Hubschrauberrundflüge. Ein besonderes Flair erwartet dabei die Besucher in jenen neuen Hotels, die in alten ostpreußischen Schlössern eingerichtet wurden.
Auch in ehemaligen Klöstern kann man mittlerweile logieren. So in Eckertsdorf (Wojnowo) am einsamen Duß-See, das noch bis vor einigen Jahren von zwei Nonnen aus der Gemeinde der Altgläubigen bewirtschaftet und inzwischen mangels Nachwuchses aufgelöst wurde. Die paar Zellen dienen jetzt als Fremdenzimmer. Dabei blieb ihr einfaches, aber anheimelndes Interieur erhalten und die alten Kachelöfen wurden nicht etwa durch eine moderne Heizung ersetzt, sondern dürfen wie gehabt angenehme und lange anhaltende Wärme spenden. Und die Viktualien betreffend funktioniert alles noch wie zu klösterlicher Zeit. Der Verwalter

im Häuschen daneben liefert die Milch und den Honig und – falls der Gast als zuverlässig und verschwiegen eingestuft wird – auch den schwarzgebrannten Schnaps. Wer also das Authentische mag, weiß sich hier an einem der schönsten Plätze ganz Masurens.
Nicht am See, sondern mittendrin gelegen ist ein weiteres ehemaliges Kloster. Nachdem der, von den Kamadulensern auf einer in den Wigry-See ragenden Halbinsel errichtete, barocke Prachtbau zunächst den Mitgliedern des polnischen Künstlerverbandes vorbehalten war, kann hier inzwischen jedermann logieren. Übrigens: Die vielen Seen lassen fast vergessen, dass sich diese Region außerdem eines besonders malerischen Küstenabschnittes rühmen darf: Die Frische Nehrung (Mierzeja Wiślana) ist auf der Haffseite flach, zum Meer hin aber steil. Um diese beiden Gegensätze zu erleben, bedarf es nur einer kurzen Wanderung.

Seite 22/23:
Die Orgel in der Klosterkirche Heiligelinde (Święta Lipka) wurde von dem Königsberger Johann Josua Mosengel (1663–1731) erbaut. Ursprünglich 18-stimmig konzipiert, wurde sie 1721 auf 40 Stimmen erweitert. Ein besonderer Blickfang ist der Orgelprospekt. Während des Spiels bewegen sich die musizierenden Engel, läuten die Glöcklein, ziehen die Sterne ihre Bahn.

Seite 24/25:
Am Frischen Haff bei Neukrug (Piaski). Der mehr als 800 Quadratkilometer umfassende Strandsee wird durch die 56 Kilometer lange und bis zu 1,8 Kilometer breite Frische Nehrung (Mierzeja Wiślana) von der Ostsee abgetrennt. Seine tiefste Stelle beträgt circa fünf Meter. Die Fischer fangen hier vor allem Aale, Zander und Brassen.

DIGNE
SANCTORVM
IHS

REGINA
VOCATVR
IHS

DELFIN
DELFIN

Von Danzig in »Ostpreußens gute Stube«

Die Mottlau (Motława) entspringt am Rande des Pommerschen Landrückens. Bevor sie in Danzig nach nicht einmal 65 Kilometern in die Weichsel mündet, stehen ihr zu Ehren am alten Binnenhafen die schönsten Bürgerhäuser Spalier.

Danzig war einst die reichste Stadt an der ganzen Ostsee. Von dieser glorreichen Zeit künden prächtige Patrizierhäuser am Langen Markt – mit dem Rathaus, dem Artushof und dem Goldenen Haus als besonderen Blickfang. Gleich dahinter zeigt die Frauengasse ihr unverkennbares Gesicht. Den Häusern sind reichgeschmückte Terrassen, »Beischläge« genannt, vorgelagert. Auf denen lässt es sich bei einem Gläschen Goldwasser oder einer Tasse Kaffee wunderbar sitzen und schauen. Und wenn einen die Lust zum Shoppen überkommt, braucht man nur die Treppe hinunterzugehen und steht schon in einem der romantischen Lädchen. Dort, inmitten der bernsteinernen Tränen untergegangener Wälder, wird einem erst richtig bewusst, dass Danzig im Zweiten Weltkrieg fast untergegangen wäre und die meisten historischen Gebäude »nur« ein Duplikat sind. Landeinwärts führt der Weg gen Südosten in das Oberland. »Ostpreußens gute Stube«, zwischen Weichsel und Passarge gelegen, wurde zuerst von Thüringern besiedelt. Nur wenig später kamen Niederländer, die mit Deichen, Kanälen und durch Pumpwerke, die mit Windmühlen betrieben wurden, das Land trockenlegten. Die vielen Seen, in deren glasklarem Wasser sich alte Buchenwälder spiegeln, nehmen das eigentliche Masuren vorweg. Hauptort des Oberlandes ist Elbing, das im Krieg ebenfalls schwerste Zerstörungen erlitt. Von hier starten die Ausflugsschiffe zur größten Touristenattraktion der Region, dem Oberländischen Kanal (Kanał Elbląski).

Seite 28/29: *Der Neptunbrunnen (1633) vor dem Danziger Rathaus ist ein Werk des Königsberger Architekten und Bildhauers Abraham van den Blocke, der unter anderem auch den Altar der Johanniskirche und die Fassade des Artushofes gestaltet hat. Der Brunnen symbolisiert die Bedeutung der Stadt als Seehandelsmacht.*

Den schweren Zerstörungen im II. Weltkrieg zum Trotz präsentiert sich der Lange Brücke genannte Mottlau-Kai wieder in altem Glanz. Die malerische Häuserzeile mit den Restaurants, Souvenir- und Juwelierläden wird vom mächtigen hölzernen Krantor, einem der Wahrzeichen Danzigs, überragt. Mitte des 15. Jahrhunderts errichtet, diente es nicht nur dem Be- und Entladen der Schiffe, sondern auch der Verteidigung.

Seite 32/33: *In der Weichselniederung bei Danzig. Bevor der in den Schlesischen Beskiden entspringende Strom auf seinem mehr als 1000 Kilometer langen Lauf in die Ostsee mündet, versucht er sein Ende hinauszuzögern und teilt sich in ein Delta. Ein Teil ergießt sich direkt ins Meer, der andere erst in das Frische Haff.*

Unten:
Der Artushof neben dem Rechtstädtischen Rathaus gehört zu den ältesten und schönsten Gebäuden am Langen Markt, Danzigs »Guter Stube«. Hier hielten einst die reichen Patrizier ihre Versammlungen ab. Der Neptunbrunnen davor wurde in der ersten Hälfte des 17. Jahrhunderts errichtet.

Linke Seite:
Das Obergeschoss des Danziger Rechtstädtischen Rathauses beherbergt herrliche Repräsentationsräume – so den Christopherus- und den Weißen Saal sowie die Winterratsstube. Der prächtigste ist zweifellos der Rote Saal. Neben den Holzintarsien sind besonders die Wand- und Deckengemälde sehenswert. Der Stadtkern von Danzig besteht aus Recht-, Neu-, Alt- und Vorstadt.

Rechts:
Das Grüne Tor ist eines der schönsten Danziger Stadttore. Es wurde zwischen 1564 und 1568 als Stadtresidenz für die polnischen Könige erbaut – die es aber praktisch kaum bewohnt haben.

Ganz rechts:
Die schönste Fassade aller Gebäude am Danziger Langen Markt besitzt das 1618 fertig gestellte Goldene Haus. Es ist, wie auch der Neptunbrunnen, ein Werk Abraham van den Blockes.

Unten:
Blick auf die hochgiebeligen Gebäude der Danziger Rechtstadt. Mit ihren stolzen, repräsentativen Häusern zeigten die Kaufleute ihren Reichtum.

Ganz links:
Blick von der Frauengasse auf den unvollendet gebliebenen 78 Meter hohen Turm der Danziger Marienkirche. Den mühsamen Aufstieg belohnt eine grandiose Rundsicht.

Links:
Die astronomische Uhr in der Danziger Marienkirche ist ein wahres Kunst-Stück. Hans Düringer, ihr Schöpfer, soll angeblich geblendet worden sein, damit er kein zweites Werk dieser Art anfertigen konnte.

Unten:
Weit schweift der Blick vom Rechtstädtischen Rathaus über den Langen Markt, dem Mittelpunkt Danzigs.

Etwa zehn Kilometer vom Zentrum Danzigs entfernt liegt Oliva (Oliwa) mit der berühmten Zisterzienserkirche. Aus dem Ende des 12. Jahrhunderts datierend, wurde sie mehrmals um- und ausgebaut.

Die Danziger Brigittenkirche wurde Ende des 14. Jahrhunderts errichtet. Das Gotteshaus ist eng mit der Geschichte der Solidarność-Bewegung verbunden. Henryk Jankowski, der inzwischen verstorbene Pfarrer, war Lech Wałęsas Berater und Beichtvater.

Seite 38/39:
Blick auf den Langen Markt, Danzigs „Gute Stube". Der wunderschöne repräsentative Platz wurde im 17. Jahrhundert angelegt. Hier bauten nur die wohlhabendsten der Patrizier. Und jeder versuchte den anderen zu übertreffen.

Messe in der Katharinenkirche. Das älteste Danziger Gotteshaus wurde in der zweiten Hälfte des 14. Jahrhunderts anstelle eines 1185 vom pommerischen Fürsten Sambor gestifteten hölzernen Vorgängerbaues errichtet.

Der Turm der Katharinenkirche, welche Danzigs Altstadt überragt, wird von barocken Helmen gekrönt. Seit 1989 ist auch wieder das ehemals so berühmte Glockenspiel zu hören.

Seite 42/43:
Zu Beginn des 19. Jahrhunderts verwandelte sich das Fischerdorf Zoppot (Sopot) mit Riesenschritten in einen mondänen Badeort. Dessen weithin bekanntes Wahrzeichen, die über 500 Meter in das Meer hinausreichende Seebrücke, ist die längste Mole an der gesamten Ostseeküste.

Palast der Äbte. Oliva wurde von dänischen Mönchen gegründet, die Ende des 12. Jahrhunderts über Kolbatz (Kołbacz) bei Stettin (Szczecin) hierhergekommen waren.

Um 1350 errichteten die Ordensleute in Danzig einen der größten Handwerksbetriebe des Kontinents. Die Mahlsteine der Großen Mühle (rechts im Bild) wurden von gleich 18 mächtigen Mühlrädern bewegt. Heute beherbergt das Gebäude verschiedene Läden.

Seite 44/45:
Die Marienburg (Malbork) mit dem Nogat-Fluss im Vordergrund. Die mächtige Anlage war von 1309 bis Mitte des 15. Jahrhunderts Sitz des Hochmeisters und damit Machtzentrale des Ordensstaates.

Machtzentrale des Deutschen Ordens: Die Marienburg

Nach der verheerenden Niederlage durch das polnisch-litauische Heer unter König Wladislaus III. Jagiello am 15. Juli 1410 bei Tannenberg und dem Tod nahezu seiner gesamten Elite scheint das Ende des Deutschen Ordens nur noch eine Frage der Zeit. Die Polen erobern Burg um Burg, bringen eine Stadt nach der anderen unter ihre Kontrolle. So bleibt nur noch die Marienburg, wo sich unter dem Kommando des aus Schwetz (Swiecie) herbeigeeilten Heinrich von Plauen das letzte Aufgebot der Ordensleute verschanzt hält. Der Komtur erkennt seine einzige Chance darin, die um die Burg gelegene Siedlung niederzubrennen und damit den Gegner von der Versorgung abzuschneiden und ihn zu zwingen, sein Lager auf freiem Feld aufzuschlagen. Das wäre vielleicht im Sommer ohne Folgen geblieben. Da sich aber die Verteidiger nicht nur der Unterstützung ihrer himmlischen Patronin Maria, sondern auch der des irdischen Winters erfreuen dürfen, können sie ihren Kopf noch einmal aus der Schlinge ziehen und obendrein den ganzen Verein, sprich: Ordensstaat, vor dem Untergang bewahren.

Dass die Marienburg ein halbes Jahrhundert später dann doch an die Polen fällt, ist eine andere Geschichte. Sie wurzelt im Pekuniären und endet im Grotesken. Der Orden ist ziemlich pleite und hat die eigenen Leute, denen er den Lohn schuldig bleiben muss, mehr zu fürchten als die ewigen Widersacher auf dem polnischen Thron. Jedenfalls stehen die Ordensleute bei ihren böhmischen Söldnern so tief in der Kreide, dass sie keinen anderen Ausweg mehr sehen, als diesen die eigene Regierungszentrale abzutreten. Die Landsknechte, die mit der Burg nicht viel anfangen können, sondern Geld sehen wollen, fackeln nicht lange und suchen nach einem potenten Käufer – der sich in Person des polnischen Königs Kazimierz IV. ziemlich rasch findet. Einen Tag bevor der neue Besitzer am 7. Juni 1457 die Marienburg übernimmt, gelingt es dem damaligen Hochmeister Ludwig von Ehrlichshausen gerade noch, sich unter abenteuerlichen Umständen nach Königsberg abzusetzen.

1772 zu Preußen geschlagen, wird die Marienburg zunächst zur Kaserne und dann zum Lagerhaus degradiert, ehe man jegliches staatliche Interesse an ihr verliert. Vor dem traurigen Schicksal, als Lieferant billigen Baumaterials zu enden, bewahrt sie der Dichter Max von Schenkendorff mit seiner die Öffentlichkeit aufrüttelnden Schrift »Über die Zerstörungssucht in Preußen«. Zu den ersten Restauratoren, die sich ihrer widmen, gehört auch Karl Friedrich Schinkel. Die entscheidende Rekonstruktion erfolgt jedoch erst zwischen 1882 und 1944 unter der Leitung Conrad Steinbrechts und Bernhard Schmids.

Zum Ende des Zweiten Weltkrieges versuchen es deutsche Soldaten Heinrich von Plauen nachzutun. Doch ihre törichte, weil militärisch sinnlose Aktion hat nicht nur die Zerstörung des östlichen Teils der Burg, sondern den Untergang der ganzen Stadt zur Folge.

In alter Schönheit und Größe

Inzwischen zeigt sich die Marienburg – dank dem Können und der Beharrlichkeit der polnischen Restauratoren – wieder in alter Schönheit und Größe: Einen mächtigeren backsteinernen Gebäudekomplex als diesen gibt es nicht. Der beste Platz, um sich einen ersten Eindruck zu verschaffen, ist die Promenade jenseits des Nogat-Flusses, eines Mündungsarmes der Weichsel. Alternativ dazu bietet der Hohe Turm der Burg den Über- und Ausblick.

Die riesige Anlage besteht aus drei Teilen. Ältester ist das Hochschloss, mit dessen Bau um 1280 begonnen wurde. Nach dem Umzug des Hochmeisters von Venedig nach Preußen im Jahre 1309 geriet die Marienburg im wahrsten Sinne des Wortes zur Jahrhundertbaustelle. Noch vor seiner endgültigen Fertigstellung wurden dem Hochschloss ein Mittelschloss und später eine Vorburg angefügt. Die Marienburg wuchs zur Regierungszentrale, in der die Führungsriege des Deutschen Ordens nicht nur residierte, sondern auch repräsentierte. Absoluter Höhepunkt unter den vielen Sehenswürdigkeiten ist der Hochmeisterpalast, in dem sich Ritter- und Mönchtum, Gottesverehrung und Machtstreben, beste Gotik und letzte Möglichkeiten der Backsteinarchitektur in Vollendung widerspiegeln.

Links: *Das historische Foto zeigt die Marienburg von ihrer schönsten Seite, also von Westen über den Fluss.*

Oben: *Das Hochschloss – in dem sich mit Kapitelsaal, Dormitorium, Kapelle, Archiv und Gefängnis auch die wichtigsten Räume*

befanden – ist der älteste Teil der Marienburg. Es spiegelt in seiner Architektur und Funktion das typische Konventshaus des Ordens wider.

Rechts oben: *Hohe Gotik vom Feinsten: Blick in die Konventsstube der Marienburg.*

Rechts Mitte: *Im Burgmuseum mit seiner Sammlung mittelalterlicher Figuren gibt es auch diese Christusdarstellung zu besichtigen.*

Rechts: *Das Sternengewölbe des Sommerremter wird von einer einzigen Säule aus Granit getragen.*

Oben:
Die Nikolaikirche in Elbing (Elbląg) mit ihrem knapp 100 Meter hohen Glockenturm überragt weithin sichtbar die umliegenden Gebäude. Das Gotteshaus wurde zwischen 1240 und dem Ende des 15. Jahrhunderts errichtet und birgt heute mehrere wertvolle Altäre aus im Krieg zerstörten Kirchen der Stadt.

Rechts:
Im Verlauf ihrer wechselvollen Geschichte erlebte die Elbinger Nikolaikirche mehrere Umbauten und Veränderungen. So stürzten 1777 bei einem Gewitter die beiden frühbarocken Türme ein, und im Zweiten Weltkrieg wurde das Gewölbe des Gotteshauses zerstört.

Bei der Rekonstruktion der fast völlig zerstörten Altstadt von Elbing beschritten die polnischen Restauratoren einen neuen Weg. Das heißt, originalgetreu wiederhergestellt wurde nur etwa ein halbes Hundert alte Häuser, während man die übrigen Freiflächen mit neuen Gebäuden bebaute, deren Fassaden allenfalls den Zeitgeist vergangener Epochen nachahmen.

Zur Führungsriege des Deutschen Ordens gehörte auch der Oberste Spittler, dem die Krankenpflege oblag. Er hatte in Elbing seinen Sitz. Daran erinnert das Spitalgebäude zum Heiligen Geist aus dem 14. Jahrhundert, das heute die Stadtbibliothek birgt.

BIRKUT

Linke Seite:
In Buchwalde (Buczyniec) befindet sich einer von insgesamt fünf »Rollbergen« des Oberländischen Kanals, mit deren Hilfe die Schiffe einen Höhenunterschied von mehr als 100 Metern überwinden und dabei ausschließlich die Kraft des Wassers in Anspruch nehmen.

An jedem »Rollberg« – wie hier bei Kanthen (Katy) gibt es je zwei Wagen für die Schiffe. Diese Gefährte sind durch Drahtseile, die über mächtige kreisrunde Scheiben laufen, miteinander verbunden. Auf diese Weise werden die Wagen gegenläufig in Bewegung gesetzt.

Schiffe im Huckepack: Der Oberländische Kanal

Wanderer, die der reine Zufall zu einem der fünf »Rollberge« geführt hat und die dort Zeuge werden, wie ein vollbesetztes Ausflugsschiff plötzlich auf einem eisernen Wagen aus dem Wasser auftaucht, um seine Fahrt auf Schienen fortzusetzen, mögen zunächst an ihrem Verstand zweifeln und sich dann vielleicht in einem neuen Vergnügungspark wähnen, der mitten in die Botanik gesetzt wurde. Dieser »Landgang« des Schiffes ist in der Tat nicht nur für die vom Ufer Zuschauenden, sondern erst recht für die Passagiere an Bord ein ausgesprochenes Vergnügen. Allerdings kann von einer neuen Attraktion beim besten Willen nicht die Rede sein. Wurde doch der Oberländische Kanal bereits vor knapp anderthalb Jahrhunderten seiner Bestimmung übergeben.

Als man damals nach einem Elbing und Deutsch Eylau (Iława) verbindenden Schifffahrtsweg sucht, stellt sich nicht nur das Land, sondern auch das Wasser in die Quere. Das heißt, die Oberländischen Seen liegen viel höher als der Drausen-See (jez. Druzno) und ihr Spiegel ist noch von See zu See verschieden. Während dieses Problem durch Absenkung des Wassers gelöst werden kann, ist der Verbund mit dem Drausen-See weder auf diese Art noch mittels Schleusen möglich. Hätte man doch auf nicht einmal acht Kilometern Länge 104 Meter Höhenunterschied überwinden müssen. So kommt Baurat Steenke auf die Idee, in den Kanal vier (später fünf) »Rollberge« einzusetzen, zwei dachförmig aufeinander zulaufende schräge Ebenen von ungleicher Länge, auf denen die Schiffe hinaufgezogen beziehungsweise heruntergelassen werden. Die Spurweite der beiden parallel verlaufenden Schienenstränge entspricht jener der Bahn. Die beiden Gitterwagen, die an jeder dieser »geneigten Ebenen« bereitstehen, um die Schiffe huckepack zu nehmen, sind etwa 20 Meter lang und drei Meter breit. Durch ein »Seil ohne Ende« miteinander verbunden, fahren sie im Gegenverkehr. Für die zu ihrer Fortbewegung benötigte Kraft sorgt das Wasser. Zu jeder »geneigten Ebene« gehört ein Maschinenhaus mit je einem mächtigen Wasserrad, das – nachdem das Schiff auf den Wagen aufgelaufen und vertäut worden ist – Zulauf bekommt und die Seilwinde in Bewegung setzt.

Ein ökologisch beispielhaftes System

An diesem ökologisch beispielhaften System hat sich praktisch seit 150 Jahren nichts geändert. Die Maschinen sind sowohl technisch als auch optisch in tadellosem Zustand und begeistern nicht nur Technikfreaks. Alles freilich ist nicht beim Alten geblieben. So diente der Kanal anfangs ausschließlich zur Güterbeförderung. Auf der Talfahrt nach Elbing hatten die Schiffe Getreide, Holz, Feldfrüchte und Stückgut im Bauch; auf der Bergfahrt ins Oberland waren es Steinkohle, Eisen, Gips und andere Baumaterialien. Durch den verstärkten Ausbau des Bahnnetzes wurde dem Kanal zwar nicht das Wasser abgeschnitten, wohl aber die Kundschaft genommen. Doch anstatt ihn aufzugeben, machte man aus der Not eine Tugend und erschloss ihn für die Passagierschifffahrt. Die Wasserstraße vom Drausen-See bis nach Deutsch-Eylau hat eine Gesamtlänge von rund 175 Kilometern. Davon entfällt der weitaus größte Teil auf Seen. An Kanalstrecke hat man »nur« 45 Kilometer graben müssen. Die Fahrrinne ist an der schmalsten Stelle noch über 16 Meter breit; fast ebenso stark sind die Dämme. Spektakulärster Bauabschnitt ist jene Kanalstrecke, die durch den Abiskar-See führt. Da dessen Wasserspiegel selbst nach der Absenkung noch über einen Meter unter dem Niveau der anderen Seen lag, ist ein riesiger Erddamm aufgeschüttet worden, der an seiner höchsten Stelle 20 Meter misst und rund 40 Meter breit ist. Und in diesen hat man wiederum einen Kanal gegraben. So fährt man auf circa einem halben Kilometer in einem »kleinen« Wasser, das in ein großes eingebettet ist.

Ganz links: *Die Wagen trugen einst auch die aus dem Landesinnern kommenden Holzflöße über die »Rollberge« des Oberländischen Kanals.*

Links: *Diese historische Aufnahme zeigt die beiden Schienenstränge (Spurweite 3,14 Meter) mit den Zugseilen und der Rollenführung in der Mitte.*

Die Ausflugsschiffe legen von Elbing oder von Osterode ab und sind dann von morgens bis abends unterwegs. Vor allem deshalb beschränken sich nicht wenige Touristen auf die »geneigten Ebenen«. Das heißt, sie beginnen oder beenden ihre Fahrt in Buchwalde (Buczyniec), wo sich der einzige »Rollberg« befindet, den man direkt mit dem Auto anfahren kann. Dadurch entgeht ihnen jedoch nicht nur ein ausgesprochen reizvoller Part des Oberländischen Kanals, sondern auch viel von der unbeschreiblichen Leichtigkeit des (Wasser-Da-)Seins.

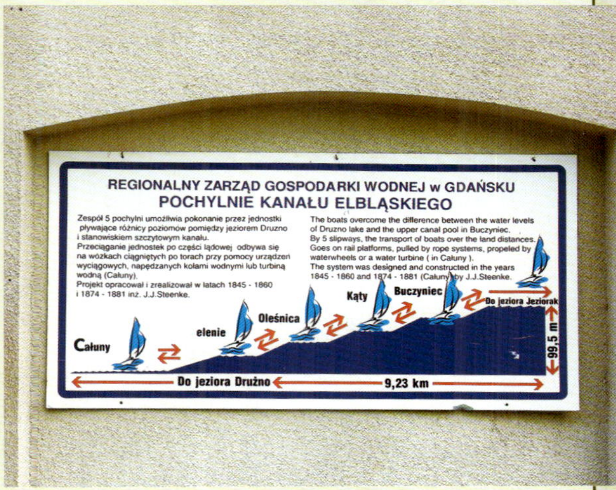

Oben:
Obwohl schon vor fast anderthalb Jahrhunderten ersonnen und ausgeführt, begeistert jene Teilstrecke des Oberländischen Kanals, auf der die Schiffe ein Stück über Land gezogen werden, noch immer.

Rechts oben:
Das Maschinenhaus am Buchwalder »Rollberg«. Nachdem das Schiff auf dem Wagen befestigt ist, lässt der Maschinist auf ein Zeichen des Steuermanns hin das Betriebswasser auf das Wasserrad fallen.

Rechts Mitte:
Diese Informationstafel zum Oberländischen Kanal findet sich am Buchwalder „Rollberg", der, durch eine auch von Bussen befahrbare Straße erschlossen, den meisten touristischen Zulauf hat.

Rechts:
Dem Maschinenhaus am Kathener „Rollberg" sieht man sein Alter nicht an – und wundert sich, dass die Technik, von den polnischen Mechanikern liebevoll gewartet, immer noch perfekt funktioniert.

Links:
Dieses oberländische Vorlaubenhaus steht in Lenzen (Łęcze). Es umfasst Erd- und Dachgeschoss sowie das volle Obergeschoss über der Laube. Die Verwandtschaft mit dem westpreußischen Haustyp dieser Art ist nicht zu übersehen.

Links Mitte:
Die »Tausendjährige Eiche« in Cadinen (Kadyny) soll vom ehemaligen Schlossbesitzer Johann von Baisen gepflanzt worden sein, einem der

Führer des »Preußischen Bundes«, der gemeinsam mit den Polen einen 13-jährigen Krieg gegen den Deutschen Orden geführt hat. Damit wäre der Baum heute rund 550 Jahre alt.

Links unten:
Auch dieses schöne Anwesen gehört zu den wenigen oberländischen Vorlaubenhäusern, die nicht in einem Freilichtmuseum, sondern an ihrem ursprünglichen Standort erhalten geblieben sind.

Unten:
Der Anblick dieser dörflichen Idylle täuscht darüber hinweg, dass die Leute hierzulande unter großen Existenzsorgen leiden. Zumeist ohne Job, leben sie praktisch nur von ihrer winzigen Landwirtschaft. Und an die Anschaffung neuer Geräte ist erst recht nicht zu denken.

Rechts:
Tolkemit (Tolkmicko) am Frischen Haff gehörte einst dem Deutschen Orden und schloss sich dann dem Preußischen Bund an. In dem Städtchen schrieb der Dominikanermönch Simon Graunau 1529 seine »Preußische Chronik«.

Unten:
Fischerboote im Hafen von Tolkemit. Neben der Landwirtschaft und der Fischerei ernährten sich die Einwohner durch die Herstellung von Butter- und Heringsfässern. Die Leute aus den Nachbargemeinden gaben den Tolkemitern den Spitznamen »Stintstecher«.

Oben:
Fischer am Strand von Kahlberg (Krynica Morska), das seit 1843 als Badeort anerkannt ist. Der Meeresstrand ist einer der breitesten an der gesamten Ostseeküste. Hier trifft man auch auf viele deutsche Urlauber.

Links:
Fischer bei Neukrug am Ostseestrand. Der kleine Ort liegt östlich von Kahlberg auf der Frischen Nehrung.

Blick auf die Katharinenkirche von Braunsberg (Braniewo), eines der größten backsteinernen Gotteshäuser in Ostpreußen. Zwischen 1343 und 1442 errichtet, wurde es im Zweiten Weltkrieg zerstört und anschließend wieder aufgebaut.

Reste der historischen Stadtmauer in Braunsberg. Oberhalb der Mündung der Passarge in das Frische Haff gelegen, ging der Ort aus einer prussischen Siedlung hervor. Nachdem 1260 das ermländische Domkapitel in der Stadt seinen Sitz genommen hatte, war sie bis 1340 auch bischöfliche Residenz.

Ganz links:
Preußisch Holland (Pasłęk) wurde wegen seines historischen Stadtbildes auch das »Ostpreußische Rothenburg« genannt. Heute zählt die gotische Bartholomäuskirche zu den wenigen erhalten gebliebenen Sehenswürdigkeiten des Ortes.

Links:
Schönster Part des Rathauses von Preußisch Holland ist die als offene Arkade gestaltete Gerichtslaube an der vorderen Giebelseite.

1319 baute der Deutsche Orden in Preußisch Holland eine Burg, die 1521 fast vollständig zerstört wurde. Zwei Jahrzehnte später initiierte Herzog Albrecht den Wiederaufbau, den Markgraf Georg Friedrich vollendete. Danach wurde die Anlage noch mehrmals umgestaltet.

Links:
Dorfidylle im Oberland. In der Ortschaft Schlodien (Gładysze) nahe Preußisch Holland lebten vor dem Zweiten Weltkrieg 672 Einwohner.

Unten:
In Mohrungen (Morąg), hier das gotische Rathaus, wurde 1744 der große Schriftsteller und Philosoph Johann Gottfried Herder geboren.

Unten:
Im tiefgläubigen Polen immer instand gehalten beziehungsweise stets mit frischen Blumen geschmückt – ein Wegekreuz in der Umgebung von Mohrungen.

Links:
Das Schloss in Schlodien wurde zwischen 1702 und 1704 nach Plänen des Architekten Jean de Bodt, der unter anderem auch Schloss Finckenstein erbaut hat, errichtet. Der ehemalige Besitz derer von Dohna liegt heute in Trümmern.

Die Ordensburg Schönberg (Szymbark) datiert aus dem 14. Jahrhundert. Sie wurde im Unterschied zu den anderen Wehrbauten des Ordens nicht kastellförmig angelegt. Stattdessen umgeben hohe Mauern die durch einen großen Hof verbundenen Gebäudeteile. Die später von den Finckensteins zu einem Schloss umgebaute Anlage liegt heute in Trümmern.

Deutsch Eylau (Iława) liegt auf einer in den Geserich-See (jez. Jeziorak) ragenden Landzunge. Anstelle einer alten Prussensiedlung gründete hier Sieghard von Schwarzburg, der Komtur von Christburg, eine Ortschaft. Die Kirche aus dem 14. Jahrhundert spiegelt die Ordensarchitektur wider.

In Osterode (Ostróda) am Drewenz-See (jez. Drwęckie) wurde 1341 die letzte Komturei des Deutschen Ordens gegründet. Die danach bis 1370 errichtete Burg geht auf den damaligen Komtur Günther von Hohenstein zurück. Sie präsentiert sich heute in stark veränderter Gestalt.

Einst der schönste Palastbau in ganz Ostpreußen, heute Ruine: Schloss Finckenstein (Kamieniec). Zwischen 1716 und 1720 von Jean de Bodt erbaut, brannte es im Januar 1945 vollständig aus. 1807 hatte Napoleon hier sein Hauptquartier. In seiner Begleitung befand sich die schöne Polin Maria Walewska, die ihm später sogar nach Elba folgte.

Bilder links:
Der Beldahn-See erweckt den Eindruck, »als wäre er mitten im Wald begraben. Eine Fahrt auf ihm gewährt die schönsten Naturgenüsse. Nicht nur das wunderbare Grün erfreut das staunende Auge, sondern auch die Färbung des äußerst klaren Wasserspiegels... Auch der weitgereiste Naturfreund wird davon entzückt sein«, heißt es in August Ambrassats 1912 erschienenem heimatkundlichen Standardwerk über »Die Provinz Ostpreußen«. Wie man sieht, hat sich seitdem einiges verändert. Der See gehört jetzt nicht mehr nur den Naturfreunden, sondern auch den Wassersportlern.

Unten:
Der Geserich-See, ein typischer Rinnensee, erstreckt sich nördlich von Deutsch Eylau 25 Kilometer gen Norden. Hier finden nicht nur Badefreunde, sondern alle Wassersportler ideale Bedingungen.

Oben:
Blick in die Pfarrkirche von Posilge (Zuławka Sztumska). Der erste Bau stammte aus dem Jahre 1249. Er diente den bekehrten Prussen als Gotteshaus. Die heutige Kirche wurde, wie die Wetterfahne verrät, 1695 errichtet.

Rechts:
Nicht wenige ostpreußische Dorfkirchen bergen so manch verborgene Kostbarkeit. In Posilge ist es die Ausmalung in schönstem Bauernbarock.

Seite 68/69:
Blick auf den Schlosskomplex zu Marienwerder, der durch eine Galerie mit dem frei stehenden Dansker verbunden ist.

Links:
Die Burg von Liebemühl (Miłomłyn) war Sitz einer Ordenskommende. 1568 wurde sie für kurze Zeit Residenz der evangelischen Bischöfe von Pomesanien.

Unten links:
Der Remter des Kapitelschlosses in Marienwerder (Kwidzyn). Schloss und Kathedrale bilden eines der schönsten Ensembles der Ordensarchitektur.

Unten:
Der Kreuzgang zu Marienwerder. Das jetzige Aussehen der Burg geht auf eine Restaurierung im 19. Jahrhundert zurück.

Durch das Ermland in die Johannisburger Heide

Lyck (Ełk), die »Hauptstadt Masurens«, geht auf eine Ordensburg zurück, die Ulrich von Jungingen, Komtur der legendären Burg Balga, auf einer Insel im Lyck-See errichten ließ. Sie diente als Ausgangspunkt für die Eroberung Masurens. Die Fischersiedlung im Schatten der Burg erhielt erst 1669 durch den Großen Kurfürsten das Stadtrecht verliehen.

Das Ermland (Warmia), seit 1243 ein eigenständiges Bistum innerhalb des Ordenslandes, ist seit jeher Bauernland gewesen. Diesen ländlichen Charakter hat es – mit Ausnahme von Allenstein, dem mit über 170 000 Einwohnern wirtschaftlichen und kulturellen Zentrum des nordöstlichen Polens – noch heute. Dem reichlich 4000 Quadratkilometer umfassenden Territorium sind ganze zwölf Städte eingesprenkelt. Das heißt, richtig städtisch sind eigentlich nur die Kirchen, während sich die Einwohnerzahl schon zu deutschen Zeiten in Grenzen gehalten hat. Einen Besuch lohnen vor allem die imposanten Schlösser in Allenstein und Heilsberg und die Domburg zu Frauenburg sowie die Gotteshäuser von Guttstadt (Dobre Miasto) und Wormditt (Orneta).

Die Ermländische Seenplatte (Pojezierze Olsztynskie) um Allenstein findet mit der Großen Masurischen Seenplatte (Wielkie Jeziora Mazurskie) noch eine Steigerung. Größtes Gewässer ist der 114 Quadratkilometer umfassende Spirding-See (jez. Śniardwy), noch zehnmal größer sind die Wälder der Johannisburger Heide (Puszcza Piska). Auch hier lockt ein Bootsabenteuer: Eine Fahrt mit dem Stakeboot oder dem Kanu auf den schönsten Abschnitten des Krutinna-Flusses (Krutynia) gehört zum Muss einer jeden Masuren-Reise. Die Sträucher und Bäume an den Ufern wachsen aufeinander zu und verdecken nicht selten sogar den Himmel. So gleitet man durch einen grünen Tunnel voller Geheimnisse.

Seite 72/73:
Eine der meistbesuchten Sehenswürdigkeiten des Ermlandes ist der von einem starken Festungswerk umgebene Dom von Frauenburg (Frombork). Dahinter liegt das Frische Haff.

Unten:
Der Copernicus-Turm der Frauenburger Domburg beherbergte einst das Observatorium des großen Gelehrten. Im Jahre 2005 wurde in der Kathedrale auch sein Grab mit dem Schädel sowie ein paar Knochen entdeckt. Die Identifizierung gelang polnischen und schwedischen Wissenschaftlern mittels einer DNA-Analyse.

Rechts:
Vom Copernicus-Turm der Domburg zu Frauenburg geht der Blick über das gleichnamige Städtchen hinüber zum Frischen Haff. Die Burgstätte auf einem Dünenberg zog niederdeutsche Siedler an. In einer Urkunde von 1287 ist bereits von »Ratsleuten« und »Bürgern« die Rede.

Oben:
Der Dom zu Frauenburg, »das großartigste Muster der ermländischen Bauschule, die unter Zisterzienserseinfluss einen fast geschlossenen Charakter entwickelte«, wurde zwischen 1330 und 1388 errichtet. Im Gegensatz zum äußeren Erscheinungsbild ist von der ursprünglichen Ausstattung kaum etwas übrig geblieben.

Rechts:
Blick über den mauerumfassten Innenhof der Frauenburger Domburg auf den Dom, der ursprünglich als Wehrkirche angelegt wurde. Kunsthistorisch wertvollstes Architekturteil ist die Vorhalle am Westgiebel.

Unten:
Das Anfang des 14. Jahrhunderts auf einer Flussinsel erbaute Schloss des ermländischen Domkapitels in Allenstein (Olsztyn) wurde im Zweiten Weltkrieg kaum zerstört und zählt deshalb zu den besterhaltenen Wehrbauten aus der Ordenszeit. Die weiträumige, von einem massigen Turm überragte Anlage beherbergt das Museum für das Ermland und Masuren.

Rechts:
Zu den wenigen materiellen Zeugnissen der prussischen Ureinwohner, die erhalten geblieben sind, zählen drei geheimnisvolle Steinfiguren im Schlosshof zu Allenstein. Der Volksmund hat sie »Baby« (Weiber) getauft; wen oder was sie wirklich darstellen, liegt im Dunkeln.

Unten:
Blick vom Allensteiner Schloss gen Altstadt, die von der Jakobikirche überragt wird. Das zwischen 1370 und 1445 in der Nähe des Marktes errichtete, mehrmals umgebaute Gotteshaus ist heute, neben dem Frauenburger Dom, erzbischöfliche Konkathedrale.

Ganz unten:
In den Wäldern um Allenstein befindet sich ein deutscher Soldatenfriedhof, auf dem Gefallene des Zweiten Weltkrieges ihre letzte Ruhestätte gefunden haben.

Der den Himmel revolutionierte: Nicolaus Copernicus

Wieso einer überhaupt auf die Idee kommt, an seinen fünf Sinnen zu zweifeln, steht in den Sternen. Diese hat sich Nicolaus Copernicus – der Name ist, der Zeit entsprechend, latinisiert – zugegebenermaßen besonders aufmerksam angeschaut. Doch er kann auch beim besten Willen nichts anderes bemerkt haben, als dass er auf der Erde stillsteht, während Sonne und Sterne ihre Position verändern.
Im Gegensatz aber zu allen anderen, die ihre Beobachtung für die Realität halten, läutet in ihm eine Alarmglocke. Statt sein Denken auf den Augenschein zu gründen, beginnt er diesem zu misstrauen. Zwanzig Jahre lang studiert er den Himmel, dessen Orte, Bewegungen und Distanzen ihm fast vertrauter werden als jene auf der Erde. Mit Hilfe eines einfachen Dreistabes aus Fichtenholz gewinnt er die entsprechenden Daten und fügt sie in seinem Kopf zu jener ungeheueren Gewissheit, die sämtlichen sinnlichen Erfahrungen widerspricht und allein dem Denken geschuldet ist:
»In der Weltmitte ruht die Sonne. Wer nämlich würde in diesem prächtigsten Tempel die Lampe an einen anderen oder besseren Ort stellen, von wo aus sie alles zugleich erleuchten könnte ... Sintemal einige sie nicht ungeschickt die Leuchte, andere den Geist und noch andere den Lenker der Welt nennen ... So beherrscht die Sonne wie von einem Königsthron aus die umkreisende Familie der Gestirne.«
1543 zeigt Copernicus mit seinem Werk »De revolutionibus orbium coelestum libri VI« der Welt ihr wahres, heliozentrisches Bild. Ob er das in Nürnberg gedruckte Buch noch zu Gesicht bekommen hat, bevor er im gleichen Jahr stirbt, bleibt Spekulation. Jedenfalls braucht die Kirche – der Autor hat sein Werk Papst Paul III. gewidmet – fast dreihundert Jahre, ehe sie sich dazu entschließen kann, die Wahrheit beziehungsweise jene, die sich – wie Galileo Galilei und Giordano Bruno – dazu bekennen, nicht mehr zu verbieten, zu verfolgen und zu verbrennen.
Doch damit ist der Streit um Copernicus noch lange nicht zu Ende. Beschäftigen sich doch bis heute viele – kleine – Geister mit der Frage, wessen Geblüt der große Geist ist. Sprich: ob ihn Deutsche oder Polen den ihren heißen dürfen. Fest steht, dass Copernicus 1473 in Thorn das Licht der Welt erblickt hat. Sein Vater soll der Kaufmannschaft angehört haben. Deren Herkunft ist zwar größtenteils deutsch, ihre Staatsangehörigkeit aber – als Thorner Bürger – polnisch.

Italienische Studien

Jedenfalls nimmt sich besagter Handelsherr die Schwester des nachmaligen ermländischen Bischofs Lukas Watzenrode zur Frau. Jener ist es, der die Erziehung und den beruflichen Werdegang des Jungen bestimmt. Nicolaus geht zunächst nach Krakau, wo er an der Hohen Schule Mathematik, Astronomie, Astrologie sowie »den Aristoteles« belegt. Danach zieht es ihn nach Italien. Zunächst studiert er in Bologna Jura, dann in Padua Medizin. 1503 erwirbt er in Ferrara den Doktorhut des kanonischen Rechts. Wieder zurück in der Heimat, hält er sich zwischen 1506 und 1512 in Heilsberg auf. Dort steht er seinem Onkel, der inzwischen zum Bischof des Ermlandes ernannt

Ganz links:
Im Allensteiner Schloss werden in die Wand eingeritzte astronomische Berechnungen zur Feststellung der Tagundnachtgleiche gezeigt, die für die Einteilung der Feldarbeit wichtig waren und von Copernicus stammen sollen.

Links:
Nicolaus Copernicus, in Erz gegossen, vor dem Allensteiner Schloss.

worden ist, als Leibarzt und Berater zur Seite. Das wichtigste und für die Nachwelt folgenreichste Kapitel im Leben des Nicolaus Copernicus spielt jedoch in Frauenburg, wo er – von kurzen Unterbrechungen abgesehen – die letzten drei Jahrzehnte bis zu seinem Tod verbringt und sich allerhöchste Verdienste und Würden erwirbt. Dabei verdankt er seinen kometenhaften Aufstieg vom kleinen »Cancellarius« zum Generaladministrator des Ermlandes weder der Familie noch dem Zufall, sondern einzig und allein seinem Genius, der sich auf den verschiedensten Gebieten offenbart. So beschäftigen Copernicus nicht nur die Probleme des fernen Himmels, sondern auch jene vor seiner Haustür, also auf der Erde. Er macht sich mit Denkschriften und Gutachten um die preußische Münzreform verdient, engagiert sich für die Wiederbesiedlung des durch verheerende Kriege entvölkerten Ermlandes und zeigt 1520 als militärischer Befehlshaber Format, als er Burg und Stadt Allenstein erfolgreich gegen die Söldner des Deutschen Ordens verteidigt.

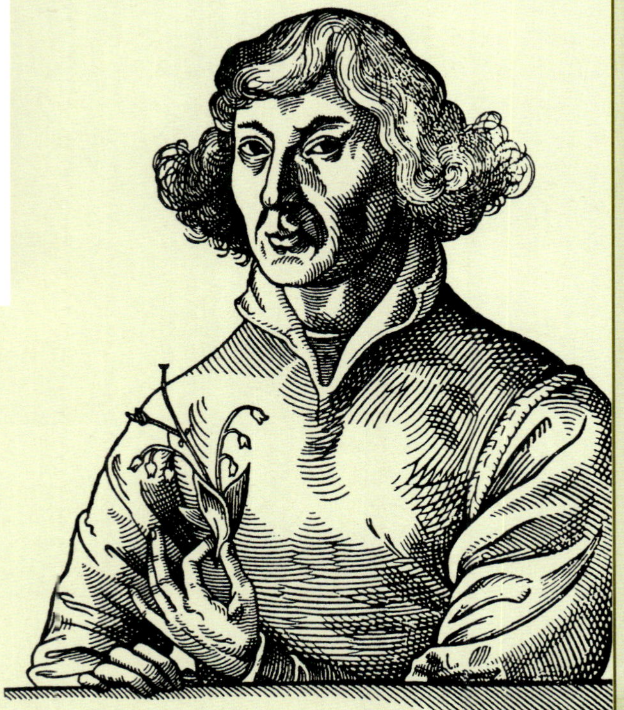

Oben:
Der Copernicus-Saal im Allensteiner Schloss birgt eine ständige Ausstellung über den großen Astronomen, der als ermländischer Landpropst zweimal für mehrere Jahre hier gewohnt hat.

Rechts oben:
Die historische Ansicht des Allensteiner Schlosses zeigt links im Vordergrund das alte Copernicus-Denkmal.

Rechts:
Diese alte Darstellung zeigt Copernicus nicht als Astronomen, sondern als Arzt. Das Maiglöckchen in seiner Hand wurde als Heilpflanze geschätzt.

Die Ordensburg Hohenstein wurde zwischen 1349 und 1370 durch Günther von Hohenstein, den Komtur von Osterode, errichtet. Seit dem 18. Jahrhundert dem zunehmenden Verfall ausgesetzt, wurde sie 1847 zu einem Progymnasium umgebaut und ist bis heute Schulhaus geblieben.

Das malerisch gelegene Freilichtmuseum von Hohenstein zeigt einen reichen Bestand an alten Wohnhäusern, Werkstätten, Mühlen, einer Kirche und anderen Gebäuden aus dem Ermland, dem Oberland und Masuren. Handwerker führen traditionelle Arbeitsweisen vor.

Rechte Seite:
Zu den sehenswerten Baulichkeiten des Hohensteiner Freilichtmuseums zählen auch die Windmühlen. Ihre Konstruktion geht zum Teil auf niederländische Einwanderer zurück, die das sumpfige Oberland urbar machten. So sah man früher dort besonders häufig Mühlen.

Rechts:
Die Grunwald-Gedenkstätte – so der offizielle polnische Name – ist selten so menschenleer zu sehen. Jedes Schulkind sollte zumindest einmal hiergewesen sein.

Unten:
Hier, zwischen Grünfelde und Tannenberg (Stębark), standen sich im Sommer 1410 das Heer des Deutschen Ordens und die vereinigte Streitmacht der Polen und Litauer gegenüber. Die Ordensleute beziehungsweise ihre Söldner erlitten eine vernichtende Niederlage.

Oben:
Zur Erinnerung an ihren historischen Sieg in der wohl größten Schlacht des Mittelalters errichteten die Polen eine Gedenkstätte, deren Mittelpunkt ein 30 Meter hohes stählernes Lanzenbündel sowie eine ebenso monumentale Stele aus Granit bilden, in die die Gesichter zweier Kämpfer eingemeißelt sind.

Oben:
An der Mündung der Simser in die Alle, wo sich bereits eine Prussenburg befunden hatte, errichtete der Deutsche Orden 1241 die »burc zu Heilesberc« – ebenfalls noch aus Holz. Die heutige Anlage, neben der Marienburg die am besten erhaltene im ganzen Ordensland, entstand zwischen 1350 und 1401.

Rechts:
Blick in den Innenhof der Heilsberger Bischofsburg, der von einem zweigeschossigen Laubengang umgeben ist. Berühmtester Bewohner war neben Copernicus der Pole Ignacy Krasicki, der sich – 1765 zum ermländischen Fürstbischof berufen – nicht nur als Kirchenmann, sondern auch als Dichter verdient gemacht hat.

Links:
Der Große Remter in der Bischofsburg zu Heilsberg zählt zu den kunsthistorisch wertvollsten Profanräumen des Ordenslandes. Sterngewölbe und prächtig geschmückte Wände liefern einen würdigen musealen Rahmen für die zur Schau gestellten mittelalterlichen Skulpturen.

Unten:
Blick in die Burgkapelle zu Heilsberg. Der gotische Raum wurde in der Zeit des Rokoko umgestaltet.

Unten:
Das Hohe Tor in Heilsberg gehörte zur alten Stadtbefestigung, die Mitte des 14. Jahrhunderts fertiggestellt wurde. Es verrät niederländischen Einfluss und erinnert an das bekannte Krantor in Danzig.

Ganz unten:
1497 erhielt die heutige Heilsberger Pfarrkirche St. Peter und Paul ein Sterngewölbe. Das Gotteshaus birgt etliche bedeutende Kostbarkeiten, darunter eine Skulpturengruppe von circa 1420, die Christus im Ölberg zeigt, sowie ein Taufbecken aus dem 14. Jahrhundert.

Rechts:
Die Kirche St. Peter und Paul in Heilsberg wurde ungefähr zur gleichen Zeit wie die steinerne Bischofsburg, also um 1350 errichtet – und zwar zunächst als turmlose Basilika.

Oben: *Das ehemalige Gotteshaus des Domkapitels in Guttstadt (Dobre Miasto) wurde zwischen 1357 und 1392 an der Stelle eines hölzernen Vorgängerbaues errichtet. Die größte backsteinerne Pfarrkirche des Ermlandes, die zum Teil noch ihre mittelalterliche Ausstattung bewahren konnte, wird auch als »halber Dom« bezeichnet.*

Rechts: *Neidenburg (Nidzica) ist nicht nur Geburtsort des Historikers Ferdinand Gregorovius, sondern besitzt auch eine Ordensburg, die zu den beeindruckendsten des ganzen Landes gehört. Der Bau der auf einem Hügel liegenden massigen Anlage erfolgte zwischen 1266 und 1268.*

Oben:
Die Franziskanerkirche zu Wartenburg (Barczewo) wurde dem heiligen Andreas als Patron des Ermlandes geweiht. In ihrem Innern findet sich ein wertvolles Renaissancedoppelgrab des ermländischen Bischofs Andreas Bathory und seines Bruders Balthasar, das Willem van den Blocke erschuf.

Links:
Wormditt (Orneta) wurde erstmals 1308 erwähnt. Der Name weist auf einen Lindwurm, der auch im städtischen Wappen zu finden ist. Das Rathaus auf dem Markt wurde 1373 fertiggestellt.

Unten:
Nur einen Katzensprung von Allenstein entfernt liegt Dietrichswalde (Gietrzwałd). Die Geschichte des größten ermländischen Wallfahrtsortes ist relativ jung. Nachdem sich 1877 die Muttergottes den Dorfbewohnern gezeigt haben soll, wurde die jetzige Kirche errichtet.

Ganz unten:
Blick in die Kirche von Glottau (Głotowo) in der Nähe von Guttstadt. Die alte Wallfahrtsstätte wurde im 17. Jahrhundert so populär, dass das bisherige Gotteshaus nicht mehr ausreichte. Die Grundsteinlegung für die neue Kirche erfolgte 1722.

Rechts:
Das Gut Schmolainen (Smolajny) wurde 1303 erstmals erwähnt und diente den ermländischen Bischöfen seit dem 15. Jahrhundert als Sommerresidenz. Das Schloss im Stile des Rokoko datiert von 1765.

Idyllische Seenlandschaft bei Treuburg. Auch zur sommerlichen Ferienzeit gibt es in Masuren noch genug Plätze wie diesen. Man muss sich nur weit genug von den Touristenzentren entfernen.

Im Gegensatz zum grünen, dichten Laubgewand des Frühjahrs und des Sommers ist das Herbstkleid der masurischen Alleen, hier bei Hohenstein, farbenbunt und durchlässig. So kann die Sonne ihr goldenes Licht ausstreuen und alles verzaubern.

Oben:
Architektonische Dominante des Klosters Springborn ist die barocke Rundkirche. Bischof Szyszkowski ließ sie 1635, also im Dreißigjährigen Krieg, als Dank für einen zwei Jahrzehnte währenden Waffenstillstand zwischen Polen und Schweden errichten.

Rechts:
Das Kloster Springborn – hier der Kreuzgang – wurde im 20. Jahrhundert als Internierungsstätte für aufrechte Katholiken missbraucht. Zunächst brachten die deutschen Nationalsozialisten österreichische Bischöfe hierher, dann die polnischen Kommunisten den Kardinal Stefan Wyszyński.

Oben links und rechts:
Die Wallfahrtskirche zu Crossen (Krosno) geht auf eine Hostienlegende zurück. Baubeginn war das Jahr 1710. 1720 wurde das Gotteshaus geweiht. Aus dieser Zeit stammt die Ausstattung, zu der auch diese Christusfigur gehört.

Links:
J. Ch. Reimer aus Wormditt, der Baumeister der Crossener Kirche, nahm sich das Gotteshaus in Heiligelinde zum Maßstab, erreichte jedoch nicht die künstlerische Ausdruckskraft des großen Vorbildes.

Das ehemalige Kloster der Altgläubigen nahe Eckertsdorf (Wojnowo) dient heute als einfache, aber idyllische Herberge. Seine Gründung datiert aus dem Jahre 1839. Die Nonnen gehörten einer Sekte der russisch-orthodoxen Kirche an, den Philipponen, die aus ihrem Heimatland in das damalige Ostpreußen ausgewandert waren und mehrere Dörfer gegründet hatten.

Eckertsdorf war das einzige russische Kloster auf deutschem Boden. Russisch mutet auch die Zwiebelhaube des Glockenturms an. Die Innenausstattung indes wirkt eher spartanisch. Das wertvollste Inventar wurde in Museen gebracht, um es vor Dieben zu schützen.

Wegekreuze in Polen sind immer gepflegt beziehungsweise geschmückt. Besonders im Marienmonat Mai versammeln sich dort die Frauen, um die Muttergottes zu ehren.

Portal der Klosterkirche zu Springborn. Die Anlage wird heute von Marianern betreut.

Dieser Bildstock bei Lyck spiegelt in seinen blau-weißen Farben den Himmel.

Bei Liebemühl. Die polnische Volksfrömmigkeit war schon immer sprichwörtlich. Der feste Glaube half den Menschen, auch schwere Zeiten zu überstehen. Heutzutage sind die Kirchen, zumindest im Verhältnis zu Deutschland, noch immer voll.

Bilder links:
Wie der „Stinthengst“ wirklich ausgesehen hat, weiß natürlich keiner. So können die Künstler bei ihren Nachbildungen der Fantasie freien Lauf lassen. Die Sage berichtet, dass der Riesenfisch mit der Krone auf dem Haupt die Nikolaiker so lange geärgert hat, bis sie ihn einfingen. Nachdem er ihnen für seine Freilassung einen reichen Fang versprochen hatte, durfte er zwar ins Wasser zurück, wurde aber vorsichtshalber an eine Brücke gekettet.

Unten:
Nikolaiken ist der ideale Ausgangspunkt, um die Masurische Seenplatte und ihre Wasserwege zu erkunden. Neben der Fahrt auf den Linien- und Ausflugsschiffen gibt es auch die Möglichkeit, sich ein Boot zu mieten.

Unten:
Nikolaiken ist der ideale Ausgangspunkt, um die Masurische Seenplatte und ihre Wasserwege zu erkunden. Neben der Fahrt auf den Linien- und Ausflugsschiffen gibt es auch die Möglichkeit, sich ein Boot zu mieten.

CAMP
SHOWER
10

Links:
An den Sommerwochenenden sind Staus an der Schleuse Guszianka (Gunzianka), die den Beldahn-See mit dem zwei Meter höher gelegenen Großen Guszinsee (jez. Guzianka Welkie) verbindet, keine Seltenheit.

Unten:
Die Idylle trügt. Infolge der vielen Touristen und der wenigen Kläranlagen hat sich die Wasserqualität des Spirding-Sees beträchtlich verschlechtert und auch der einst sprichwörtliche Fischreichtum ist zurückgegangen.

Seite 102/103:
»Musik der Wasser: wie die weiten Seen, / Die tausend Seen, die ringsum zerstreut, / In dieses Landes tiefer Einsamkeit / Mit leuchtend blauen Märchenaugen stehen.« – so heißt es in Fritz Kudnigs (1888–1979) poetischer Liebeserklärung an die »Masurische Landschaft«.

Oben:
Der Spirding-See ist das größte Gewässer Ostpreußens und war einer der größten ganz Deutschlands. 21 Kilometer lang und 13 Kilometer breit, bedeckt er eine Oberfläche von rund 113 Quadratkilometern. Seine tiefste Stelle beträgt ca. 23 Meter.

WASSERWELTEN: MASURISCHE SEEN

Während zwischen Allenstein und Sudauen (Suwałki) gerade einmal halb so viele Menschen leben wie das im Landesdurchschnitt der Fall ist, darf sich diese Landschaft umso mehr der zahlreichen Seen rühmen. 3000 sollen es sein oder noch mehr. Je nachdem, wie und was man zählt. Der Mauer-See (jez. Mamry) zum Beispiel, der zweitgrößte Polens, besteht aus verschiedenen Teilseen, die alle einen eigenen Namen tragen. Andererseits gibt es etliche Seen, die verlanden und ihre Benennung kaum mehr verdienen.
Das hiesige Wasserreich beginnt im Westen mit der Oberländischen Seenplatte (Pojezierze Iławskie), zu der im weitesten Sinne der Drausen-See gerechnet wird. Er war einmal Meer gewesen, das heißt, Teil der ursprünglich noch viel weiter in das Land reichenden Danziger Bucht. Während seine Schilfwälder eher den Wasservögeln gelegen kommen, bevorzugen die Besucher die offenen, weiten Flächen von Drewenz-See (jez. Drwęckie) und Geserich-See (jez. Jeziorak).
Der Spirding-See im Süden und der Mauer-See im Norden prägen die Große Masurische Seenplatte. Mehr Wasser als diese bündelt keine andere Landschaft. Für Segler und Kanufahrer, aber auch Motorbootbesitzer bedeutet dies rund 60 Kilometer freie Fahrt von einem See zum anderen. Solch Verlockung bringt natürlich die Massen hierher. Vor allem das kleine Nikolaiken bläht sich im Sommer vor lauter Menschen so weit auf, dass es einem um das – zugegebenermaßen viele – Wasser ringsum Angst und Bange werden kann und so mancher Naturfreund wieder jenen riesenhaften Stint herbeisehnen mag, der vor Zeiten sein Reich rabiat verteidigt haben soll.

Europas größte Kolonie von Höckerschwänen

Andererseits braucht es selbst während der Saison nur ein Stück Wasser-Weges, um dem schlimmsten Getümmel zu entfliehen. So findet sich am Lucknainen-See (jez. Łuknajno), nicht einmal sechs Kilometer von Nikolaiken entfernt, eines von drei polnischen UNESCO-Biosphärenreservaten. DamitEuropas größte Kolonie von Höckerschwänen keinen Schaden nimmt, bleibt der Mensch ausgesperrt. Nur ein Turm ermöglicht den Ausblick auf den See, wo sich, zumindest für das ungewappnete Auge, unzählige Sahnehäubchen hin und her zu bewegen scheinen.
Weiß tragen auch die Bäume jener kleinen Insel im Dobenscher-See (jez. Dobskie), die den Kormoranen gehört. Der Kot der Tiere hat sie nicht nur eingefärbt, sondern sogar zum Absterben gebracht. Im Unterschied zu den Schwänen bedarf es zwischen Mensch und Kormoran nicht so großer Distanz. Das Schiff, das von Lötzen (Giżycko) aus die Vogelfreunde hierher bringt, umrundet die Insel in kürzester Entfernung. Doch geschützt werden muss die Kolonie ebenso. Diesmal sind es nicht die Touristen, die man fernhalten muss, sondern die Einheimischen. Da sich der Verteilungskampf um die Fischgründe immer mehr zuspitzt, versuchen sich die Fischer der Konkurrenz dadurch zu erwehren, dass sie den geschützten Vögeln mit dem Gewehr und mit Gift zusetzen.
Gott sei Dank geraten sich Mensch und Tier nicht überall so in die Quere wie hier – im Gegenteil. Auf einer Landzunge zwischen Spirding- und Beldahn-See (jez. Bełdany) unterhält die polnische Akademie der Wissenschaften eine Forschungsstation, wo zum Beispiel Wildpferde rückgezüchtet und Biber aufgezogen werden. Diese finden dann entweder in den polnischen Gewässern oder in denen anderer europäischer Länder ein neues Zuhause.
Um Biber und andere Tiere wie zum Beispiel den Elch in freier Wildbahn zu beobachten, braucht man Glück, Geduld und größtmögliche Distanz zu den Ballungsgebieten. Diese natürliche Voraussetzung erfüllt die Suwałki-Seenplatte im

Ganz links: *Nach dem Räuchern wurden die Nikolaiker Maränen in flache Kisten verpackt und an die Feinkostläden verschickt.*

Links: *Reicher silberner Segen: Von solchen Fängen wie diesem können die Fischer heute nur träumen.*

nordöstlichen Winkel Polens in nahezu idealer Weise. Hier ist Massentourismus ein Fremdwort. Den Wigry-Nationalpark gibt es seit 1989. Herzstück des insgesamt 50 Gewässer umfassenden Gebietes ist der namensgebende See, der auf rund 22 Quadratkilometern gleich 15 Inseln trägt.

Den schönsten Seenblick gibt es freilich nicht im Osten, sondern mitten im Zentrum der Großen Masurischen Seenplatte. Eine Brücke nahe Steinort (Sztynort), welche die schmalste Stelle des Mauer-Sees überspannt, ist der Thron, der einen zum König über das Wasserreich macht.

Oben:
Regatta auf dem Nikolaiker See (jez. Mikołajskie). Dank seiner Lage – es gibt dort gleich mehrere miteinander verbundene große Seen – entwickelte sich das namensgebende Städtchen Nikolaiken zum bedeutendsten Segelsportzentrum Masurens.

Rechts oben:
Jachthafen bei Steinort. Von hier ist es nicht mehr weit bis zu einem verwunschenen Park mit uralten Bäumen.

Rechts Mitte:
Blick von Steinort über den Mauer-See, der eine Fläche von rund 100 Quadratkilometern bedeckt und bis zu 44 Meter tief ist.

Rechts:
Seenlandschaft bei Rastenburg (Kętrzyn). Nicht weit davon entfernt errichtete Hitler sein Hauptquartier, die »Wolfsschanze«.

Links:
Am Lycker See, nahe der gleichnamigen Stadt. Nach der Vertreibung der prussischen Galinder errichteten die Ordensleute hier eine Burg. Die Kolonisierung der »Großen Wildnis« war jedoch mit Rückschlägen verbunden und kam nur langsam voran.

Links Mitte:
»Der Mensch, ein Auszug dieser Welt, / wird vieler Schuld entledigt bleiben, / Wenn er sich dem gemäß verhält, / Was Luft, See, Erd und Himmel treiben«,

fasste der in Memel (Klaipėda) gebürtige Dichter Simon Dach (1605–1659) seine Überzeugung in einen bedenkenswerten Reim.

Links unten:
Die Gleise der legendären Lycker Schmalspurbahn wurden zwischen 1910 und 1917 verlegt. Auch wenn diese alte Lokomotive inzwischen Museumsstück geworden ist, ist die Strecke bis heute in Betrieb.

Unten:
Blick über den Stadtpark auf das städtische Zentrum von Lyck. Das Gotteshaus, dessen Turm die umliegenden Gebäude überragt, wurde im 19. Jahrhundert errichtet.

Eine Fahrt mit dem flachen Stakeboot auf dem Krutinna-Fluss (Krutynia) gehört zweifellos zu den Höhepunkten einer Masurenreise. An manchen Stellen bilden Bäume einen geheimnisvollen grünen Tunnel, Licht und Schatten spielen im glasklaren Wasser. Inzwischen kann es im Sommer auf dem Wasser ziemlich eng werden – so viele Boote sind unterwegs. Schönheit und Romantik dieses Gewässers kann man auch in einem gemieteten Kanu genießen.

Seite 110/111:
»Land der dunklen Wälder
und kristall'nen Seen,
über weite Felder
lichte Wunder geh'n.
Starke Bauern schreiten
hinter Pferd und Pflug,
über Ackerbreiten
streift der Vogelzug ...« –
so beginnt das »Ostpreußenlied« des Königsberger Dichters Erich Hannighofer (1908–1945).

Oben:
Je weiter man nach Osten vordringt, desto archaischer werden die Verhältnisse, desto größer die Idylle, hier bei Ukta. Doch das romantische Bild des Ziehbrunnens hat auch eine andere, weniger poetische Seite. Nicht selten ist das Wasser verunreinigt und manchmal versiegt es ganz.

Rechts:
Bei der Rübenernte. Die Kleinstbauern sind in erster Linie Selbstversorger. Doch im Gegensatz zu anderen Gegenden des Landes, wo es noch die Möglichkeit eines Zuverdienstes gibt, hat Masuren zu wenig Industrie.

Oben:
Ostpreußen war schon immer ein Land der Pferde. Diese Tradition scheint bis heute ungebrochen. Fragt man jedoch die Bauern, so hätten diese lieber einen Traktor – den sie sich aber nicht leisten können.

Links:
Die Qualität der polnischen Gänse ist sprichwörtlich bis heute. Doch Vorsicht: Auch dortzulande gibt es inzwischen nicht nur frei-lebende glückliche Tiere wie hier auf dem Bild zu sehen, sondern zunehmend auch Massenhaltung.

Vom Mauer-See zur Sudauener Seenplatte

Am Mauer-See (jez. Mamry). Das viel gegliederte Gewässer liegt 116 Meter über dem Meeresspiegel, soll je-doch ursprünglich flacher gewesen sein. Die Sage erzählt, dass Hochmeister Winrich von Kniprode, der 1379 die masurischen Seen mit einem Boot befuhr, den Mauer-See um eine Lanzenlänge anstauen ließ.

Auch im Norden Masurens beansprucht das Wasser (fast) die ganze Bühne für sich allein. Ortschaften wie Lötzen (Giżycko), Angerburg (Węgorzewo) oder Rastenburg (Kętrzyn) dienen allenthalben als Pausenfüller – sprich: zum Einkaufen, Essen und zur Übernachtung – innerhalb eines grandiosen Naturschauspiels. Gleich zehn verschiedene Gewässer – Angerburger See (jez. Stregiel), Kleiner Mauer-See (jez. Mamry Male), Pristanien-See (jez. Przystan), Bodma-See (jez. Bodma), Schwenzait-See (jez. Święcajty), Kirzainen-See (jez. Kirsajty), Dargainen-See (jez. Dargin), Angerburger und Lötzener Kissain-See (jez. Kisajno) sowie Dobenscher-See (jez. Dobskie) – bilden den rund 100 Quadratkilometer großen Mauer-See (jez. Mamry), dessen besonderen Reiz die vielen Inseln ausmachen. Sie täuschen festes Land vor und sind doch nur von Wassers Gnaden. Ein nasses Labyrinth, das man am besten von der Thiergartener Spitze überschaut.

Je weiter man nach Osten kommt, desto weniger Menschen trifft man. Die Landschaft ist nur dünn besiedelt. Hinter Treuburg (Olecko) mit dem riesigen Markt (sieben Hektar) beginnt das alte Sudauen. Seine Bewohner, kriegerische Prussen, die sogar die weit im Süden gelegene polnische Hauptstadt Krakau (Kraków) bedrohten, wurden von Polen und Ordensleuten in einer gemeinsamen Aktion besiegt. Backsteinerne Häuser findet man hier nur selten, hölzerne dominieren. Doch im Gegensatz zu den Dörfern unterscheidet sich die Landschaft kaum: Gewässer gibt es auch hier mehr als genug. Allein 200 umfasst die Sudauener Seenplatte (Pojezierze Suwałki).

V7-551
www.keja.com.pl
DARGIN
BAR-AC 900

PORT KEJA
SILNIKI
SPOŻYWCZ
KAPITANAT
ŻEGLARSKI
TAWERNA KEJA
LEOKADIA

Seite 116/117:
Blick auf den Yachthafen von Angerburg (Węgorzewo). Die am Mauer-See gelegene Stadt geht auf eine Ordensburg zurück, die 1335 erstmals erwähnt wurde. Heute gehört Angerburg zu den wichtigsten touristischen Zentren Masurens.

Kanal mit drehbarer Brücke in Lötzen (Giżycko). Der auf einer Landenge zwischen Mauer- und Löwentin-See (jez. Niegocin) gelegene Ort blickt auf eine mehr als 600-jährige Geschichte zurück. Das Stadtrecht erhielt Lötzen 1612. Durch Einwanderer aus dem Salzburger Land wuchs die Bevölkerung.

Die Festung Boyen in Lötzen wurde zwischen 1847 und 1853 errichtet. Das den Namen des damaligen preußischen Kriegsministers tragende Verteidigungswerk war nach dem Bau des Kanals notwendig geworden, um etwaige Feinde davon abzuhalten, auf diesem Wasserweg in das Innere Ostpreußens vorzudringen.

Oben:
Blick auf den Löwentin-See. Dieser hat eine Oberfläche von rund 25 Quadratkilometern und misst an seiner tiefsten Stelle 40 Meter. Während die Ufer bei Lötzen kahl sind, gibt es im Westen ausgedehnte Wälder.

Links:
Stichwort Kanal. Dieser verbindet seit 1765 Mauer- und Löwentin-See. Seine wirtschaftliche Bedeutung bestand in erster Linie darin, Holztransporte zum Narew zu ermöglichen.

Unten:
Die bischöfliche Burg zu Rößel (Reszel) wurde zwischen 1355 und 1371 errichtet und bildete den nordöstlichen Eckpfeiler des Ermlandes. 1822 übergab sie König Friedrich Wilhelm III. der evangelischen Gemeinde, die den südlichen Flügel zur Kirche umbaute. Heute beherbergt die Burg ein Kulturzentrum.

Rechts oben:
Die Burg von Barten (Barciany) spielte eine bedeutende Rolle bei der Erschließung der »Großen Wildnis«, dem östlichen Teil des Ordensstaates. In der ersten Bauphase wurde

der große Ostflügel errichtet, später kamen noch der Nordflügel und ein Turm hinzu. Der bekannteste Burgherr von Barten war der spätere Hochmeister Heinrich von Plauen.

Rechts Mitte:
Die Kirche St. Georg zu Rastenburg ähnelt mehr einer Burg, denn einem Gotteshaus. Der wehrhafte Charakter ist nicht zu übersehen. Zwischen 1359 und 1370 erbaut, wurde die Kirche im 15. Jahrhundert erweitert und 1515 vollendet.

Rechts unten:
Früher fuhren über diese 1926 erbaute Brücke bei Staatshausen (Stańczyki) die Züge in den östlichen Teil Ostpreußens und weiter. Heute ist sie nur noch nostalgisches Fotomotiv.

Rechts:
Südländisch-heiter wirkt die berühmte Wallfahrtskirche Heiligelinde. Sie wurde von dem Tiroler Architekten Georg Ertly zwischen 1687 und 1693 errichtet. Für die Zerstörung des Vorgängerbaus zeichnete übrigens Albrecht von Brandenburg-Hohenzollern verantwortlich. War doch der letzte Hochmeister des Ordens inzwischen evangelisch geworden …

Unten:
Der Innenraum der Wallfahrtskirche Heiligelinde wurde in barocker Pracht ausgestattet. Die Deckengemälde schuf Matthias Meyer, den Hauptaltar Christopher Peucker. Eine in Metall nachgebildete Linde mit einer Muttergottesstatue erinnert an die Gründungslegende des Wallfahrtsortes.

Oben:
Das ehemalige Dominikanerkloster von Sejny, nahe der Grenze zu Litauen, bekam inzwischen wieder Farbe und Gestalt. Kunsthistorisch am wertvollsten ist die in glänzendem Weiß erstrahlende Kirche im Renaissancestil.

Links:
Die Alexanderkirche in Sudauen (Suwałki) wurde zwischen 1820 und 1845 im Stile des Neoklassizismus errichtet. Die 300 Jahre alte Stadt verdankt ihre Entstehung der Gründung des Kamaldulenserklosters am Wigry-See und ihre wirtschaftliche Entwicklung dem alten Handelsweg von Königsberg nach Grodno.

Die 260 Quadratkilometer zählende und heute durch eine Grenze zerschnittene Rominter Heide (Puszcza Romincka) war einst das bevorzugte Jagdgebiet des preußischen Königshauses. Das Jagdschloss Kaiser Wilhelms II. steht allerdings nicht mehr. Auch heute gibt es hier noch Wölfe, Luchse, Elche und Hirsche.

Zu den geschützten Gebieten jenes nahe Goldap (Gołdap) gelegenen Urwaldes, der unter anderem den Borkener Forst umfasst, gehört auch ein Wisentreservat. Die Tiere wurden in den Fünfzigerjahren des vergangenen Jahrhunderts ausgesetzt.

Rechte Seite:
Seenlandschaft bei Rößel. Von solchen ursprünglichen Gewässern, die weit genug von den städtischen Zentren entfernt liegen, gibt es in Masuren mehr als genug.

An dieser Stelle stand die Baracke, in der Claus Graf Schenk von Stauffenberg am 20. Juli 1944 das Attentat auf Hitler unternahm. Das Denkmal mit deutscher und polnischer Inschrift wurde 1992 enthüllt.

Ein Spaziergang über das Gelände der »Wolfsschanze«, Hitlers Hauptquartier, mutet noch heute, mehr als ein halbes Jahrhundert nach dem Untergang des Dritten Reiches, seltsam befremdlich an.

Oben:
Am Mauer-See. Hier fängt man Aale, Hechte, Brassen, Schleien und vor allem Maränen. Und man schimpft auf die Kormorane, die unter Schutz stehen und einen Riesenappetit auf Fisch haben.

Rechts:
Im Sommer durch Masuren zu fahren, ohne einen Storch zu Gesicht zu bekommen, ist fast unmöglich. Finden sie doch hier ein nahezu unerschöpfliches Futterreservoir. Außerdem kommen ihnen Mensch und Industrie weniger in die Quere als anderswo.

Links:
Idyllischer Schwalg-See (jez. Szwałk). Am schönsten und interessantesten ist es an den Seen in den Abendstunden oder am frühen Morgen. Dann hat man die größten Chancen, die reiche Vogelwelt nicht nur zu sehen, sondern auch zu hören.

Unten:
Dort, wo die Ufer so dicht mit Schilf und anderen Pflanzen bewachsen sind, dass dem Menschen der Zugang verwehrt bleibt, sind die masurischen Seen am einsamsten. So macht das alte Scherzwort »Wo aufhört die Kultur, da anfängt der Masur« noch heute Sinn.

Oben:
Zwischen 1694 und 1745 erbaute der italienische Architekt P. Putini für das 1667 gegründete Kamaldulenserkloster am Wigry-See die Kirche und die Einsiedeleien. Ganz so einsam wie bei diesem Eremitenorden geht es dort heute nicht mehr zu, aber die Hotellerie ist eine gute Adresse für all jene, die das Romantische lieben.

Rechts:
Skulpturenpark am ehemaligen Kloster Wigry. »Land der 1000 Schnitzer« wird Polen genannt. In der Tat gibt es wohl nirgendwo so viele Leute wie hier, die sich aus innerem Antrieb heraus und oft ohne Anleitung der künstlerischen Gestaltung des Holzes verschrieben haben.

Fischerhaus am Wigry-See. Das Gewässer ist knapp 20 Kilometer lang und misst an seiner tiefsten Stelle über 70 Meter. Es trägt 15 Inseln und ist ringsum von Mischwäldern umgeben, in denen Kiefer, Fichte, Birke, Ulme, Lärche und Haselnuss dominieren.

Die Polen sagen, dass es in den Dörfern und Weilern am Wigry-See mehr Boote als Autos gebe. Das hat sicher seine Richtigkeit und wird sich auch so schnell nicht ändern. Denn selbst wenn man das Geld für ein Auto besäße, wäre es hier nicht halb so viel nütze wie ein Boot.

Unten:
Die Stadt Augustów trägt in ihrem Namen den des polnischen Königs Sigismund August, der sie 1558 aus »wilder Wurzel« anlegen ließ. In den Zwanzigerjahren avancierte sie zur beliebten Sommerfrische wohlhabender Warschauer.

Rechts oben:
Am Biebrza-Fluss. Der gleichnamige Nationalpark umfasst einen Großteil des mehr als 150 Kilometer langen Gewässers und seiner Umgebung. Ein flächenmäßig größeres Sumpfgebiet als hier gibt es nirgendwo sonst im zentralen Teil Europas.

Rechts Mitte:
Bäume, die in der freien Landschaft Spalier stehen, sind in Masuren ein ziemlich sicheres Indiz für eine Straße oder zumindest einen Weg. Doch die alten Alleen haben sehr gelitten – und stehen zunehmend dem Verkehr im Wege.

Rechts unten:
Mit der Hilfe von 18 Schleusen überwindet der Augustów-Kanal die Wasserscheide zwischen Weichsel und Memel und einen Höhenunterschied von 40 Metern. Heute wird dieses ingenieurtechnische Meisterwerk nur noch auf einer Teilstrecke und ausschließlich touristisch genutzt.

Storchenversammlung im Biebrzański-Nationalpark. Die Weißgefiederten bauen übrigens ihre Nester nicht nur auf Dächern, Schornsteinen oder Leitungsmasten, sondern auch auf großen Bäumen.

Das Volkskunde- sowie das Freilichtmuseum in Puńsk vermitteln interessante Einblicke in die bäuerliche Lebensweise und Volkskultur. 80 Prozent der Einwohner von Puńsk gehören der litauischen Minderheit in Polen an. Diese prägt denn auch das Städtchen.

Dieses Haus steht im Biebrzański-Nationalpark. Der Vater ernährt seine fünfköpfige Familie mehr schlecht denn recht vom Fischfang oder als Holzfäller. Auf ihrem Weg zur Schule haben die Kinder einen täglichen Fußmarsch von fast zehn Kilometern.

In Polen ist keine Gegend zu abgelegen, keine Straße zu schmal, um dort nicht ein Wegekreuz zu errichten – gewissermaßen eine winzige Kirche im Grünen.

Register

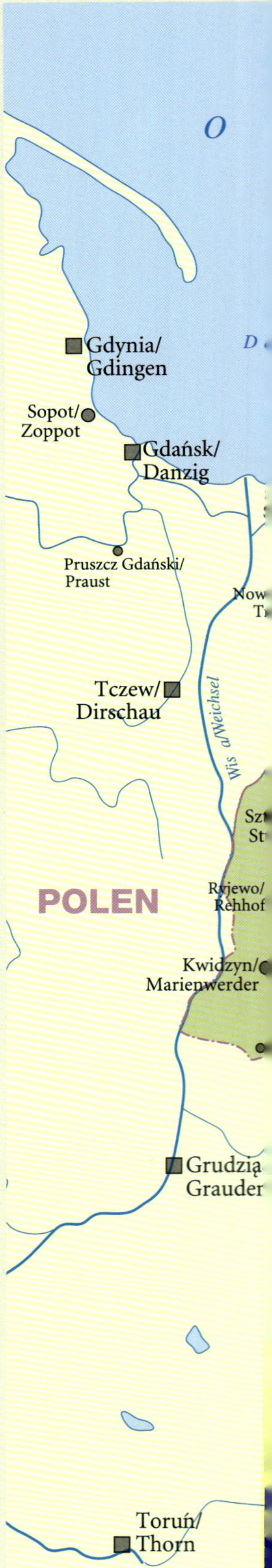

Gdynia/
Gdingen
Sopot/
Zoppot
Gdańsk/
Danzig
Pruszcz Gdański/
Praust
Tczew/
Dirschau
POLEN
Toruń/
Thorn

RUSSLAND
POLEN
Kaliningrad/
Königsberg
Černjahovsk/
Insterburg
Baltisk/
Pillau
Frisches Haff
Mamonovo/
Heiligenbeil
Braniewo/
Braunsberg
Frombork/
Frauenburg
Tolkmicko/
Tolkemit
Górowo
Iławeckie/
Landsberg
Sępopol/
Schippenbeil
Bartoszyce/
Bartenstein
Radosze/
Freudenberg
Schloss
Dönhoffstädt
Węgorzewo/
Angerburg
Gołdap/
Goldap
Ogoski/
Ogonken
Kowale Oleckie/
Kowahlen
Pieniężno/
Mehlsack
Korsze/
Korschen
Jez. Dargin/
Dargeinensee
Młynary/
Mühlhausen
Elbląg/
Elbing
Orneta/
Wormditt
Lidzbark-
Warminski/
Heilsberg
Stoczek Klasztorny/
Kloster Springborn
Kętrzyn/
Rastenburg
Gierłóż/
Görlitz
Olecko/
Treuburg
Reszel/
Rössel
Święta Lipka/
Heiligelinde
Giżycko/
Lötzen
Pasłek/
Preußisch Holland
Bisztynek/
Bischofstein
Wydminy/
Widminnen
Dobre Miasto/
Guttstadt
Ryn/
Rhein
Stradauny/
Stradaunen
Jeziorany/
Seeburg
Kalinowo/
Kallinowen
Kanał Elbląski/
Oberländischer Kanal
Biskupiec/
Bischofsburg
Mrągowo/
Sensburg
Ełk/
Lyck
Dzierzgoń/
Christburg
Morąg/
Mohrungen
Mikołajki/
Nikolaiken
Orzysz/
Arys
Wiśniowo Ełkie/
Kölmersdorf
Jez. Śniardwy/
Spirdingsee
Zalewo/
Saalfeld
Barczewo/
Wartenburg
Prostki/
Prostken
Miłomłyn/
Liebemühl
Dzwierzuty/
Mensguth
J. Jeziorak/
Geserichsee
Olsztyn/
Allenstein
Ruciane-Nida/
Niedersee-Nieden
Pisz/
Johannisburg
Biała Piska/
Gehlenburg
Susz/
Rosenberg
Ostróda/
Osterode
Zgnilocha/
Gimmendorf
Szczytno/
Ortelsburg
Kisielice/
Freystadt
Iława/
Deutsch Eylau
Rychnowo/
Reichenau
Olsztynek/
Hohenstein
Rozogi/
Friedrichshof
Grunwald/
Grünfelde
Pole bitwy 1410/
Schlachtfeld von 1410
Wielbark/
Willenberg
Nidzica/
Neidenburg
Uzdowo/
Usdau
Działdowo/
Soldau
Łomża
Ostrołeka
Ermland
MASUREN
Masurische Seenplatte

Mensch und Schwan im Dialog. Schauplatz: der Hafen von Angerburg. Nicht zu verwechseln mit dem Königsberger Stadttheater, wo einmal in jener Szene, in der sich Lohengrin von dem Schwan verabschiedet, ein Besucher ziemlich laut seine Frau gefragt haben soll: „Du, wat seggt de Kürassier tom Ganter?“

Impressum

Buchgestaltung
www.hoyerdesign.de

Karte
Fischer Kartografie, Aichach

Printed in Germany
Repro: Artilitho snc, Lavis-Trento, Italien
www.artilitho.com
Druck und Verarbeitung: Offizin Andersen Nexö, Leipzig

ISBN 978-3-8003-4072-9

Bildnachweis
Alle Bilder von Wolfgang Korall mit Ausnahme von: Brigitte Merz: S. 12/13, S. 44/45, S. 52, S. 52/53 Mitte, S. 64 links Mitte und unten, S.98 oben. Erich Spiegelhalter: Umschlag vorne, S. 50, S. 51 oben und unten, S. 53 rechts oben und rechts Mitte, S. 64 links oben, S. 99, S. 100, S. 104/105 Mitte, S. 116/117, S. 118 oben, S. 119 unten, S. 136. iStockphoto: S. 10/11: Andrzej; S. 26/27: Dariusz; S. 28/29: Michal Krakowiak; S. 30: Evgeniya Lazareva; S. 31 rechts oben: Voyagerix; S. 31 rechts unten: Michael Cavén; S. 38/39: Dariusz Kuzminski, S. 40 rechts oben: Leyla Akhundova; S. 42/43: interlight; S. 102/103: Jan Rose; S. 110/111: puchan.

Danksagung
Dieses Buch widme ich unserem lieben Freund Stanisław Janas, der mir und meiner Frau nicht nur seine Tür, sondern auch sein Herz weit geöffnet hat.

Ernst-Otto Luthardt

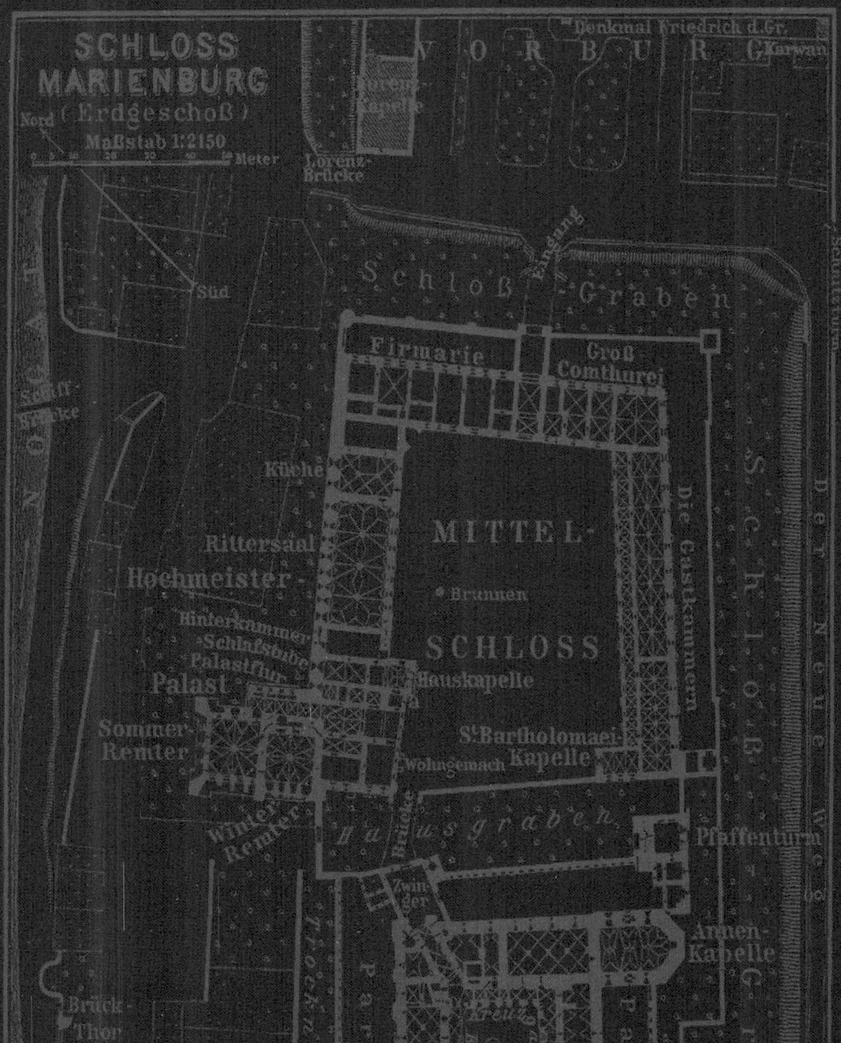

SCHLOSS MARIENBURG
(Erdgeschoß)
Nord
Süd
Maßstab 1:2150
Meter
VORBURG
Denkmal Friedrich d. Gr.
Karwan
Lorenz-Kapelle
Lorenz-Brücke
Eingang
Schloß-Graben
Firmarie
Groß Comthurei
Küche
Rittersaal
Hochmeister-
Hinterkammer
Schlafstube
Palastflur
Palast
Sommer-Remter
Winter-Remter
MITTEL-
Brunnen
SCHLOSS
Hauskapelle
St. Bartholomaei-Kapelle
Wohngemach
Die Gastkammern
Hausgraben
Brücke
Pfaffenturm
Zwinger
Annen-Kapelle
Kreuzgang
HOCH-
Convents-Küche
SCHLOSS
Parcham
Trockener Graben
Brück-Thor
Nicolaus-Thor
Herren-Dansk
Schloß-Graben
Der Neue Weg
Schnitzturm
Bahnhof
NOGAT
Schiff-Brücke
Kath. Kirche u. Markt
Markt